太師與王船

燃燒一瞬間的美

戴文鋒 —— 著

目錄
CONTENTS

圖次

表次

開啟高雄文史工作的
另一新頁

　　文化是人類求生存過程中所創造發明的一切積累，歷史則是這段過程記載。每個地方所處的環境及其面對的問題皆不相同，也必然會形成各自不同的文化與歷史，因此文史工作強調地方性，這是它與國史、世界史的差異所在。

　　高雄市早期在文獻會的主導下，有部分學者與民間專家投入地方文史的調查研究，也累積不少成果。唯較可惜的是，這項文史工作並非有計畫的推動，以致缺乏連貫性與全面性；調查研究成果也未有系統地集結出版，以致難以保存、推廣與再深化。

　　2010 年高雄縣市合併後，各個行政區的地理、族群、產業、信仰、風俗等差異更大，全面性的文史工作有必要盡速展開，也因此高雄市政府文化局與歷史博物館策劃「高雄文史采風」叢書，希望結合更多的學者專家與文史工作者，有計畫地依主題與地區進行調查研究與書寫出版，以使高雄的文史工作更具成效。

　　「高雄文史采風」叢書不是地方志書的撰寫，也不等同於地方史的研究，它具有以下幾個特徵：

　　其一、文史采風不在書寫上層政治的「大歷史」，而在關注下層社會的「小歷史」，無論是一個小村落、小地景、小行業、小人物的故事，

或是常民生活的風俗習慣、信仰儀式、休閒娛樂等小傳統文化，只要具有傳統性、地方性與文化性，能夠感動人心，都是書寫的範圍。

其二、文史采風不是少數學者的工作，只要對地方文史充滿熱情與使命感，願意用心學習與實際調查，都可以投身其中。尤其文史工作具有地方性，在地人士最瞭解其風土民情與逸聞掌故，也最適合從事當地的文史采風，這是外來學者所難以取代的。

其三、文史采風不等同於學術研究，書寫方式也與一般論文不同，它不需要引經據典，追求「字字有來歷」；而是著重到田野現場進行實際的觀察、採訪與體驗，再將所見所聞詳實而完整的記錄下來。

如今，這套叢書再添戴文鋒教授《太師與王船──燃燒一瞬間的美》專書出版，為高雄的文史工作開啟另一新頁。期待後續有更多有志者加入我們的行列，讓這項文史工作能穩健而長遠的走下去。

「高雄文史采風」叢書總編輯　謝貴文

9

臺灣王船的
見本櫥

　　「太師」是我少年時代就熟似的王船師傅，因為看伊做王船看甲變好朋友，閣看甲做伊的審查委員。已經袂記共伊翕（hip）過幾隻王船矣，就親像伊家己全款，對 20 幾歲做甲這馬，嘛毋知影做過幾百隻王船矣；這個現象，我攏會想著黃俊雄布袋戲《六合三俠傳》彼个老和尚，功夫練傷濟，濟甲毋知影欲用佗一招。其實，到底做過幾百隻王船並無重要，重要的是太師的技術佮智識，是毋是會當留傳後世，是毋是會當看出一代大師的偉大？遮的答案，就攏寫佇戴文鋒院長的這本大作內底。

　　這本冊是戴院長對伊所主持的「高雄市王船製作保存技術保存者林良太調查研究計畫」改寫而來，對林良太家庭背景佮學藝生涯、造船過程佮工序、造船團隊佮承製王船回顧等等，攏有誠深入的研究，是現此時瞭解太師的性命史，佮伊王船製作技術寫甲上蓋詳細的一本專冊，毋爾看會著太師造王船的一生，嘛看會著臺灣王船祭典（嘛是一種信仰）的發展史，講太師就是「臺灣王船」的見本櫥，一點仔都無過份。而戴院長嘛因為寫太師，無張無持煞變成「太師專家」，佇伊臺灣民間信仰的專長以外，閣加一个稱號。

太師雖然無話無句，但是若講著王船，就親像去擽（ngiau）著伊的暢筋全款，會當佮你講三暝三日，戴院長用誠長的時間，去佮太師盤撋（puânn-nuá），閣用誠濟的功夫，去收集太師的資料，才有法度成就這本太師專冊；這本大作應該是目前研究太師上蓋完整的一本著作，值得讀，值得收藏，嘛值得予太師佮伊的囝孫做紀念。

2019 年 8 月

片刻凝視，
恆存感恩！

當本案啟動計畫時，開啟並影響林良太王船人生之路的兩位恩師均已離世，無法留下「漁船界」與「王船界」兩位大師級的口述歷史，一是航裕造船廠陳拐岸（1927-2014），一是糊紙師傅「老乞伯仔」徐典才（1903-1984），令人惋惜。幸好陳拐岸之妻陳王翠女士與子陳瑞宗先生願意接受訪談並提供照片，徐典才之子徐江海也願意將所聞所知毫不保留的告訴筆者，讓林良太何以會從一位漁船造船師轉變成為王船造船師，轉折人生之謎有了得以解開的機會。

本研究之完成，特別感謝研究助理劉靜雯小姐的協助，林良太口述訪談之文字記錄與整理、王船照片之拍攝與蒐羅、各宮廟主委耆老之訪談，她出力甚多。而長期對於叔叔林良太的王船工藝加以記錄、保存與推廣的林育徵小姐，更是本書訪談的重要報導人。

委託承製王船的相關寺廟管理人或負責人如高雄永安天文宮管理人洪正忠先生、西港慶安宮總務組長謝武昌老師、新吉保安宮總幹事林福生、西港慶安宮文宣組曾福樹組長及各宮廟主委、宮廟耆老，安平「港興造船廠」老闆陳金龍提供寶貴人生造船經驗與口述資料，長期配合林良太王船彩繪施作的傳統彩繪師曹天助、鐘銀樹，他們工作中與王船接觸超過半世紀，也都是我重要訪談對象，豐富了本書的口述內容。

葉瓊霞老師、莊永清老師、楊家祈老師協助校對潤稿，鍾宛君、黃

12

士豪、楊孟欣在文編、美編與插畫繪製的用心，我心存感謝。另外，對於林良太王船技藝有長期觀察記錄的民俗文化工作者黃文博校長（本書大部分的照片都是由他提供，也感謝他願意為本書寫序）、民俗廟會影像紀錄者與民俗文化工作者黃文皇老師、陳宏田老師、張耘書老師、翁進忠老師、林錫田老師、歐財榮老師、楊家祈老師、呂韻如小姐、李孟芳小姐、施良達導演、文化部文化資產局傳藝民俗組黃巧惠科長等人提供影像紀錄與許多他們珍藏的照片。其實這些「實體」王船早已隨著王醮「遊天河」而化成灰燼，如今能所存留下來就只是這些「影像」，因此對我而言鏡頭下每一張「影像」都彌足珍貴，因為這些「影像」如同人體大腦保留了對過去一定程度的記憶，一旦記憶喪失時，文字描述有可能難以到位，當然有了這些「影像」記憶，我的書寫也未必然能夠到位，但至少能讓我稍微寬心的是，當自己書寫能力不足時，讀者可能會因為一張張充滿張力的「影像」而暫時轉移焦點。

因此，只要每次片刻凝視「影像」，心底總是對於影像紀錄者與提供者恆存感恩。謝謝您們無私地奉獻給閱讀大眾！

2019 年 9 月

13

緒論

　　自 2003 年聯合國教科文組織（UNESCO）通過了《保護無形文化（又稱非物質文化）遺產公約》以來，至 2017 年止，世界無形文化遺產（Intangible Cultural Heritage，ICH）中國共通過了名錄已達 39 項，戲曲方面有京劇、粵劇、崑曲、皮影戲、福建木偶戲；傳統技藝方面有中國水密隔艙福船製造技藝（見後述）、宣紙傳統製作技藝、龍泉青瓷傳統燒制技藝、南京雲錦織造技藝、中國傳統木結構營造技藝；傳統藝術方面有中國剪紙、中國書法、中國篆刻；節慶民俗信仰方面有媽祖信俗、端午節；在知識體系與其實踐方面有中醫針灸、珠算、二十四節氣，項目數量之多實為世界首位。

　　根據聯合國教科文組織《保護無形文化遺產公約》第 5 條規定，「無形文化遺產委員會」由 18 個會員國的代表組成，在公約會員國的數目達到 50 個之後，委員會的委員國數目增至 24 個。會員國每兩年舉行一次會員國大會，選出委員會委員國，任期四年。其職務其中之一就是：接受會員國無形文化遺產的申報、審核，並決定名錄之通過與否。由此可知無形文化遺產的申請條件必須是聯合國會員，但臺灣非聯合國會員，無法主動申請。因此，竟有人思考將臺灣無形文化遺產與中國綁在一起，透過中國來向聯合國申請，如此正有意、無意地主動陷入「兩個政治實體」、同屬「一個無形文化遺產項目」的框架。理論上，不管有形無形，只要是世界文化遺產都是人類全體共有的，應該是超越意識型態與政治強權，但從政治現實來看並非如此，至少現今並非如此。因此，筆者認為臺灣並非所有無形文化遺產的軟實力都不如人，媽祖信俗、王爺信俗堪稱臺灣強項，而是聯合國無形文化遺產申請身分的認定與審查取得名錄的過程中，千真萬確具有一定程度的政治性、運作性。

　　近一、二十年來，急於將自身的民俗文化重新加以挖掘、恢復、振

興、論述與包裝的中國，就是要藉此以增強國家文化軟實力，並透過聯合國無形文化遺產名錄身分的認定與取得，以達到「國家文化力量」向世界「宣揚」與「擴張」之標的。

國立臺灣歷史博物館於 2017 年 10 月舉辦「巡狩四方——臺灣及東南亞王爺信仰特展」，12 月臺史博研究助理張瀛之寫了一篇〈臺灣並非「送王船」起源地，卻保留了全世界最完整的王爺信仰文化〉短文如下：

> 2017 年 3 月，中國與馬來西亞的多個宮廟與民間社團共同簽署倡議書，打算將「送王船」聯合申報為聯合國非物質文化遺產。然而，全世界保存最為完整的迎請代天巡狩文化、送王船習俗儀禮與文化脈絡的地方，其實是在臺灣。……在送瘟船習俗、辦理王醮的起源地中國，文革期間大量廟宇、文物嚴重毀損，相關民俗祭儀也被視為迷信而停辦。……近年中國官方也非常重視送王船的習俗，希望透過祭典擴散觀光、文化與經濟的對外影響力。比起部分地區失去在地特色，或空有儀式而不知其所以然的代天巡狩信仰，臺灣的信仰儀式相對完整且保留了清楚的發展脈絡，這有大半歸功於民間長期而穩定的文化傳承[1]。

這篇短文言簡意賅，頗能精確地闡述出臺灣某些民間信仰與民俗文化雖然起源於中國，但在民俗儀典的完整性、脈絡性、傳承性與價值性，較之中國可說是毫不遜色。因為中國經過文革毀滅性的破除後再重新拼湊「復原」的民俗文化，尤其是「媽祖信俗」與「王爺信仰」，連起源地福建也無法與臺灣相提並論。臺灣「媽祖信俗」之興盛與自成體系可從以下三大指標來觀察與思考。第一個指標：臺灣媽祖廟的數量占世界第一位。第二個指標：臺灣（農曆）「三月瘋媽祖」的盛況也是全世界

所罕見。第三個指標:媽祖在中國的神蹟傳說從清代以後就已經很少在民間流傳了,而「海神」媽祖新的神蹟傳說在臺灣民間卻持續流布、不斷新生,如媽祖在鄭成功攻打荷蘭人時助戰讓軍隊登陸鹿耳門時潮水大漲,助戰清廷擊退戴潮春、北港朝天宮孝子釘等,而二次大戰媽祖「抱接砲彈」等神蹟傳說更是在全臺各地湧起[2]。

鄭成功開臺以來,漢人無論是正式獲得官方證照許可、還是暗地裡以偷渡的方式渡臺,渡海都成為移民者生命最大的不確定性與人生賭注,移民渡海的歷史過程催化了臺灣移民「海神」信仰熾熱的必然性。臺灣的媽祖信仰之所以熾熱不減,就因為「黑水溝」險惡海況下,這三百多年來仍然有為數眾多、前仆後繼的渡海移民者來臺,如斯生命深刻經歷,這是留在中國內地者所無法體悟的。

臺灣王爺信仰之興盛與明清以來漢人移民來臺時環境惡劣有直接正相關,當時臺灣是未開發處女地,瘟疫叢生、瘴癘盛行,此即林豪《澎湖廳志》所記:「竊謂造船送王,亦古者逐疫之意。[3]」所以這三百多年來臺灣民間代天巡狩的王爺信俗當然也較之中國更為風行。清代臺灣各縣方志或云:「臺尚王醮,三年一舉,取送瘟之義也。……凡設一醮,動費數百金。[4]」或載:「最慎重者曰王醮,先造一船曰王船。……船中百凡齊備,器物窮工極巧,糜金錢四、五百兩,少亦二、三百兩。[5]」如此信仰盛況,其來有自。

近年來我國依照聯合國教科文組織《保護無形文化遺產公約》標準,選出國內的非物質(無形)文化遺產潛力項目 12 項,包括:泰雅口述傳統與口唱史詩、布農族歌謠、北管音樂戲曲、木偶戲、歌仔戲、糊紙、阿美族豐年祭、賽夏族矮靈祭、王爺信仰、媽祖信仰、上元節、中元普度。其中,王爺信仰與媽祖信仰堪稱臺灣民間信仰中最為蓬勃發

展的兩大主流,而中國中斷數十年的民間信仰,也都是透過從臺灣民間
的宗教交流、模仿、學習、複製、採擇而逐漸「恢復」而「保存」下來。
臺灣從民間信仰選出臺灣王爺信仰與媽祖信仰作為無形文化資產之項
目,確實具有國家民俗文化資產之指標性。與王爺信仰息息相關的王船
製作工藝與王船匠師生命史等無形文化資產之探究,相對於王爺信仰迎
送代天巡狩的相關儀禮、宗教習俗的資產論述與學術深耕,雖然踏出的
步伐稍晚,但這幾年來在臺灣也開始逐漸地獲得應有的重視。

第一節 緣起

　　本書原為 2017 年高雄市立歷史博物館委託的一項王船工藝文化資
產之基礎調查研究計畫(4 月 1 日至 11 月 20 日),係針對高雄市茄萣
地區王船製作匠師林良太(業界尊稱他「太師」,下茄萣人,現移居高
雄市湖內區,1951 年 6 月 14 日生)之生平、製作王船經歷、歷年主要
作品進行調查,並有系統地以文字、圖繪及影像蒐羅、記錄,呈顯林良
太技師之王船製作技藝。

　　高雄市王船製作匠師幾乎都集中在茄萣區,筆者認為主要因素至少
有三:一是茄萣地區傳統民間信仰十分盛行,居民信仰虔誠,道壇、宮
廟林立,因此與民間宗教信仰相關的諸多傳統行業相對發達,包括從事
道士、糊紙(紙紮)、王船製作為業者人數眾多。二是茄萣區靠海,過
去茄萣漁民有一個生活傳統,即出海捕魚前會先搭建一座帆布寮,作
為供奉神明以及向神明祈求祭拜的場域,甚至擲筊請示神明來指示捕捉
烏魚的方位,每當漁船平安歸來而且漁獲豐滿之時,必定會建醮(音同
「較」)並燒化一艘王船以感謝神明庇佑[6]。而且早期居民幾乎都是從

事漁業（近海漁業最多，沿岸漁業其次，養殖再次，遠洋漁業最少）維
生，根據《高雄縣政府統計要覽》的資料，以 1976 年、1981 年、1986
年這三年之漁民總人數為例，分別高達 20,002 人、17,458 人、18,610
人。當年漁獲量的情形通常可以視王醮盛大與否作為判斷的一項重要指
標，例如 1987 年漁民林廣捕獲到八萬尾烏魚，慨捐新臺幣 370 萬元於
興達港旁的「三清宮」辦理王醮[7]，隨著王醮的盛行，當地王船製作技
術之需求迫切，而王船製作人才亦相對眾多而突出。三是茄萣地區漁業
一直是當地漁民重要的生計命脈，特別是仰賴「烏金」的漁民，後來因
為魚群資源逐漸枯竭而使得有些從事漁業者，後來轉行進入造船廠學習
漁船製造技術，這些漁船製造經驗老到者，再度從漁船技師轉業而成為
一位王船技師，使其王船製作技藝更加純熟。

　　據蘇福男、蘇瑞展的調查顯示，茄萣區至少有四位王船師傅[8]，即
1943 年次的白砂崙蘇春發（王船界都以「西部个 (ê)、西部的」之綽號
稱他，父親過世後他搬到臺南市灣裡）、1951 年次的下茄萣林良太、
1953 年次的白砂崙郭岩山（原是「打金仔」學徒，14 歲時轉行，跟著
蘇春發的四哥春滿在白砂崙學造木船，後來也到過旗津造船廠學習打
造漁船）、1970 年次的頂茄萣陳英修（原是裝潢木工，後來與蘇春發
學習早期木殼漁船之原理與工序）[9]。四位王船師傅中以林良太製造王
船的數量最多，依筆者的訪查加以推估，其數量若以每年平均五艘計
算，四十多年來估計他至少應打造了二百艘以上的王船（包含少數的法
船、媽祖船、展示船、私人典藏觀賞船）。2015 年林良太接受《中華
日報》記者林偉民訪談時曾表示，最多一年可做到六艘王船[10]。

　　研究西港刈香與林良太王船製造的民俗工作者、觀佑文化工作室負
責人吳明勳曾指出臺灣王船建造數量最多的是林良太，數量大約二百

艘，與筆者估算相符：

> 西港慶安宮刈香祭典所造之王船，是由臺灣目前王船建造量最
> 多的林良太造船師承造，船上的設施風篷、桅、舵等，皆模仿
> 真船建造。林良太人稱「太師」，1952 年生，小學畢業後開始
> 學習製造漁船，在 25 歲時遇見一位糊紙師傅，在對方邀請下幫
> 忙製作王船，便踏入這個領域。林良太親手打造的大小王船，
> 已經超過二百艘，是臺灣最重要的王船師傅之一[11]。

對於南臺灣王醮祭儀與王船製作長期投入田野調查與研究工作的資深民俗學者黃文博甚至認為，林良太製作王船的足跡已經遍及全臺，由其巧手所完成的王船數量已不下三百艘[12]。若是以每年平均七艘來計算，四十多年來當然可能超過三百艘，但由於林良太所承製的王船並沒有逐一留下紀錄，至今並無法得到一個確切的數量，只能粗略推估，所以二百艘以上、甚至超過三百艘都應屬於合理範圍之估算。但不管二百艘、甚至三百艘，至今為止林良太堪稱全臺承製王船數量最多的一位王船師傅，這應是無可否認之事實，因此林良太的生命史與王船承製歷史的基礎調查研究自有其必要性與重要性。

王船是臺灣王爺「代天巡狩」儀式中與王醮祭典中最為巨大的代表性聖物，它是人世間對於其所想像的「巡狩者」表示尊崇的重要載具，每一科王醮都必須藉著「神船」與「水域」（路域則灑水「開水路」），仿擬演繹著「從天而降」與「從地而返」如此「迎來送往」的儀俗活動。

臺灣早期民間物資匱乏、生活儉樸，因此很多地方的王爺廟，採用簡約、低成本的紙紮王船（竹紮紙船），紙紮王船通常是在王醮祭典的一、兩個月前開始製作，先以竹篾編紮船身結構，船艙及外殼都糊以報

紙、牛皮紙等為船體粗胚，外殼與甲板另外用白布包裹，之後才用彩紙或印有圖案的色紙加以剪裁裝飾，完成的紙紮王船規模約只有當今木造王船的 1/4、1/5 ，甚或更小 [13]。隨著社會經濟平穩成長，民生富裕，民間信仰也就隨著經濟起飛而蓬勃發展，除了出現舊廟翻修成新廟、小廟擴建為大廟、強調並採用大理石建材、注重外觀裝飾等現象之外，與王醮科儀相關的王船，也漸由紙紮改為實木打造，也就是越發講究王船船隻的壯觀與氣勢。當然，聘請一位技藝精湛的王船造船技師，也就是廟方或神明（擲筊）所需要慎選的！當時，林良太以他曾經在造船廠工作的資歷，獲得鄰居紙紮王船師傅「老乞伯仔」徐典才的青睞，從旁指導，林良太從此成為王爺「欽點」重要人選之一，日積月累，經驗成熟，此後製造王船成為他一生與廟宇文化結下不解之緣的職涯。

針對代天巡狩迎來送往時所需搭乘的王船，醮典尾聲「遊天河」時猶如劃過天際的流星，短暫而絢爛，令人有曇花一現之慨！本研究以林良太師傅的學藝人生、王船製作工序與歷年作品範圍為討論重心，透過其本人、家屬、鄰居、朋友、同業之訪談，建構其王船人生，並將造船技術、工序，詳盡瞭解，逐一介紹。依照林良太師傅造船數量，平均一年約建造五艘王船，打造王船技藝與一般木造漁船技術有何差別？同樣是手工造木船，目前臺灣業界能夠建造木殼漁船的師傅隨著大型與中型漁船已經逐漸被大馬力鋼殼或材質具有輕巧、防水、絕緣、耐腐蝕等優點的 FRP（fiber-reinforced plastic，玻璃纖維強化塑膠）漁船所取代而銳減，木殼漁船之建造逐漸式微，而能打造王船的師傅更是寥寥可數，是否在技術養成中有特別困難之處？還是因為出路問題與收入高度不穩定等因素而導致接受傳承者（學徒）的學習意願不高？

　　本書主要研究的目的，是將造船數量最多的林良太師傅畢生累積的無形文化資產，按照王船建造過程、王船建造禁忌，特別是林良太團隊造王船的船域（作品分布）範圍，盡力蒐集完整、詳細記錄。而林良太的出生背景、家庭生活的影響、早期學徒職涯、造船師承技術來源、建造第一艘王船的經歷及王船製作在臺灣各地分布的狀況，都是筆者關注重點。最後，論述並分析林良太技師對於保存傳統王船製造技術的內涵與意義，以及其在臺灣木造王船史上的歷史定位。

　　依據上述，本研究的重點有三大面向，一是林良太匠師本人的養成經歷，以其個人生命史，即以其生平、學習王船製作的歷程與其工作團隊為主軸，擴及其人生經驗、技藝傳承等層面。二是其造船工序與技藝特色，在造船工序方面，從取龍骨到王船出廠，基本上其工序是固定的，而被登錄為高雄市「王船技術保存者」的林良太，其技藝特色所在，筆者試圖分析之。三是根據初步訪談所知，良太師傅的王船製作雖然是以臺南市（主要是前臺南縣）、高雄市（主要是前高雄縣）為大宗，但其版圖卻北至彰化員林、雲林口湖一帶，東至後山花蓮地區，因此整理出林良太王船製作的船域分布概況，此一課題更是不可漏失，藉由實地考察與田野調查記錄，力求為其王船在臺灣分布的版圖留下詳盡紀錄。至於其王船製作的技藝與工法、工序、工料、工具之使用，與船型、結構、龍骨、舷板、隔板固定及吃水、承重等設計製作經驗，考慮到以影像來記錄比文字說明更為清楚、容易理解，加以施良達導演於 2017 年已經全程記錄林良太在慶安宮製作王船的過程，並於同年出版《良藝太師──西港刈香王船木造技術專書》專冊，與《良藝太師──西港刈香王船木造技術紀錄片》，除了工序本文會簡單述及以外，餘概省略之。

第二節　相關研究回顧

　　目前有關臺灣王爺的信仰與民俗文物之研究可依序分為五部分，一是王爺信仰（神明性質之探論），二是王醮科儀，三是王船祭儀，四王船製作，五是王船技師。目前學界所研究與關注的焦點也依序是王爺信仰多於王醮科儀，王醮科儀多於王船祭儀，王船祭儀多於王船製作，王船製作多於王船技師。

　　由於王爺信仰與王醮科儀的探論不管在專書或是學術論文，目前已經達相當的質與量，為避免重複敘述，故在研究回顧方面就回歸到以王船祭儀、王船製作與王船技師等相關論著三者為軸心。

一、王船祭儀方面

　　目前為止，南臺灣王船製造與王船祭儀信仰方面的調查研究以民俗學者黃文博的成果最為可觀。1988 年，黃文博已把臺灣的王船信仰祭儀作了初步整理與歸納，他依流域分布由北而南分成朴子溪、八掌溪、曾文溪、二仁溪、東港溪流域與澎湖地區六大系統，是國內首位以「流域」的概念來作為王船祭儀與信仰活動類型分類的學者。其中以曾文溪流域的觀察和調查最久也最詳密，歷史脈絡最為清楚[14]。從 1992 年《瘟神傳奇：曾文溪流域王船祭巡禮》（臺南縣立文化中心）、1994 年《南瀛刈香誌》（臺南縣立文化中心）、2000 年《南瀛王船誌》（臺南縣政府文化局），到 2013 年《佳里金唐殿蕭壠香》（臺南市政府文化局）、2014 年《西港刈香》（臺南市政府文化局），都是圍繞在曾文溪流域或是學甲香、麻豆香、蕭壠香、西港仔香與土城仔香的「臺南五大香」，由這些香科所構成的王醮祭典與王船祭儀。其中《南瀛王船誌》一書，收入西港慶安宮、佳里金唐殿的王船信仰，除了「臺南五大香」原先就

已曾納入以外，更將安定蘇厝長興宮、安定蘇厝真護宮、七股頂山仔代天府、將軍青鯤身 [15] 朝天宮、將軍馬沙溝李聖宮、北門溪底寮東興宮、北門三寮灣東隆宮、北門蘆竹溝西天宮、北門蚵寮保安宮、北門新圍仔新寶宮、北門雙春永安宮、北門永隆宮、柳營代天院、仁德太子廟明直宮、仁德蔦松腳開農宮、仁德田厝水明殿等廟宇的王船祭儀民俗予以詳實記錄。而這些都是《南瀛王船誌》一書拓展出來的新範圍，難能可貴的是這些王船祭儀都是位居偏處、人煙稀少、規模較小、受人忽略者。而 2001 年黃文博與黃明雅合著《臺灣第一香——西港玉勅慶安宮庚辰香科大醮典》經典鉅著，由臺南縣西港玉敕慶安宮出版，是對 2000 年（庚辰香科）西港刈香醮典最完整詳盡的紀錄。

　　除了南瀛地區或曾文溪流域外，黃文博也將視野拓展到屏東縣（包括離島的小琉球）、澎湖縣。從 1997 年起，先後共發表了〈蘇厝地區的王船信仰〉、〈西港地區的王船信仰〉、〈臺灣王船的信仰系統〉、〈安平地區的王船信仰〉、〈澎湖標準型的王船信仰〉、〈將軍溪南岸的王船信仰〉、〈東港地區的王船信仰〉、〈小琉球地區的王船信仰〉、〈將軍溪北岸的王船信仰〉九篇篇幅較短的報導文章，都是刊登在《城鄉生活雜誌》（39 期至 47 期）。1998 年，黃文博持續接受邀稿，在《城鄉生活雜誌》48 期、49 期、51 期、55 期、57 期、58 期刊載了〈茄苳地區的王船信仰〉、〈佳里地區的王船信仰〉、〈八掌溪南岸的王船信仰〉、〈仁德地區的王船信仰〉、〈關廟地區的王船信仰〉、〈柳營地區的王船信仰〉等文。1999 年黃文博〈北門鄉王船信仰初探〉、〈臺南縣新豐區的王船信仰現況〉等文，刊載於《南瀛文獻》43 期。以上這些單篇文章，有些收錄於 2000 年《南瀛王船誌》一書。

　　2003 年李豐楙主持「台南縣地區王船祭典保存計畫」之計畫案，

針對台江內海及曾文溪流域的迎王科儀、王船祭典作整體觀察，這是一次長時間的區域性民俗宗教活動調查。文字記述與影像紀錄並重，學術理論與田野調查並行，訪談道士、禮生、廟會活動執事及耆老等專業人士，探論王船祭典的文化背景、祭典形式與信仰意涵。2005 年此成果已先於《傳統藝術》60 期發表，2006 年內容經過更為全面完整的改寫後整理而成《台南縣地區王船祭典保存計畫：台江內海迎王祭》專書，內容包括迎王遶境、王府禮儀、王醮科儀、陣頭展藝等層面，由國立傳統藝術中心出版。

王船作為華人世界一種「行瘟與解瘟」民俗信仰載具的研究論述方面，以 2009 年李豐楙〈王船、船畫、九皇船──代巡三型的儀式性跨境〉一文最具代表性，王船為臺灣地區民間迎王祭典普遍盛行，江西吉安一帶則有「船畫」、喊船、送神儀式，在東南亞華人地區的送瘟儀式則是為了迎、送九皇大帝、九皇爺，而發展出九皇齋信仰文化與另類的王船──九皇船。李豐楙認為，王船、船畫、九皇船雖然都各屬不同形式「巡狩」載具，也盛行於不同地區，但其形成與古代巡狩禮、儺儀式之關係異常密切，欲透過仿擬儀式來達到送瘟逐疫的目的也是一致的，況且船具在儀式中的載送功能，本身就是送瘟、送穢的驅邪載具[16]。

除了黃文博、李豐楙等學者之外，對於曾文溪流域的大型宗教民俗活動長期關注的學者尚有艾茉莉、謝國興、葉春榮、丁仁傑、黃名宏、洪瑩發、周宗楊、吳明勳、林長正等人。2015 年《西港刈香》一書由黃名宏、洪瑩發合著，由文化部文化資產局出版，由於「西港刈香」是文化部指定的 18 項國家重要民俗之一[17]，因此該書也列出西港刈香非去不可五大理由，強調「香醮合一」是西港刈香最重要的特色，並針對造船儀式與王船外觀與結構，有簡易的描述。2017 年由謝國興主筆

「西港仔香」的刈香與建醮、香境與路關、謝國興與黃名宏主筆庄頭陣、黃名宏主筆武陣、劉懷仁主筆藝陣，共同完成《西港仔刈香———一個傳統王醮的數位紀錄》一書，該書附有影音光碟，包括建造王船的影音紀錄[18]。

對於南關線的王醮祭儀的歷史與文化，在地文史工作者的黃文皇老師長期關注並投入心力從事調查研究工作，成績斐然。相對於曾文溪流域、屏東東港與小琉球、澎湖等地區，南關線王醮祭儀的探究確實是學術處女地，主要是十二年一次的醮典相隔太久，讓前後科可以觀察比較的距離拉了太遠。2012 年〈臺南新豐地區南關線王醮祭典之探究〉一文，是黃文皇取得國立臺南大學臺灣文化研究所碩士學位的論文，該文對當地的王醮歷史與發展脈絡做了一定程度的整理與釐清。2015 年乙未科，歸仁仁壽宮在相隔二十年之後再度舉辦王醮，仁壽宮王醮是南關線五大醮典之一，在主編黃文博力邀之下，黃文皇趁此契機於 2017 年完成《歸仁仁壽宮王醮祭典暨遶境》一書，由臺南市政府文化局出版。該書除清楚敘述王府行儀、王醮科儀、遶境活動、陣頭特色、送王遊河之外，並與曾文溪下游沿岸的香科王醮祭典作為比較對象，凸顯出歸仁在地王醮的民俗文化特色。

澎湖地區的王船祭典，除了黃文博外，2012 年吳永猛〈澎湖峙裡水仙宮王船祭之研究〉一文[19]，述及打船醮儀式中的煮油火洗淨王船科儀，並將廟裡所供奉的神尊請出來過油火，信眾也跟著一起過油火，最後舉行王船試航，這些都是峙（音同「時」）裡水仙宮王船祭的重要民俗特色。

二、王船製造方面

　　王船製作方面的研究大致上可分為三個主要方向，一是著重王船工藝的技術性或是施工流程的完整紀錄，例如 2003 年陳進成〈癸未年東港王船造船日誌〉一文，發表於《屏東文獻》第 7 期，是陳進成長期觀察東港王船造船流程的重要筆記；2010 年陳政宏〈東港王船工藝與傳統造船技術〉一文，發表《船》71 期、72 期，陳政宏任教於國立成功大學系統及船舶機電工程學系，並兼成大博物館館長，專長是造船及輪機工程，該文特別對於木造王船的選材有所關注，他說目前東港王船所使用的木材是以印尼檜木（較為堅硬）做為龍骨，肋骨等其他部位則使用楠木與柳安木。在清朝時，傳統福建、臺灣修造船舶使用的木材是松、杉、楠為主，在臺灣也用樟木，主要是就地取材，並考慮適當樹齡的選擇；2015 年洪瑩發、吳碧惠、陳進成、吳明勳、林建育合著、臺中市文化部文化資產局出版的《巡狩神舟──臺灣王爺祭典中的王船製作技術》一書，將打造王船的流程圖文並列介紹，內容包含繁複細膩的宗教儀式，如取艚（tshiám，音同「參」）、請艚、完工等儀式，並依木造、糊紙、複合材三種材質，完整呈現以傳統工序用心打造的王船製作過程。

　　二是強調王船工藝的藝術性（含裝飾藝術），如 1998 年謝宗榮〈東港迎王傳統與王船藝術〉一文，發表於《歷史月刊》124 期；2002 年陳正之〈代天巡狩遊天河──王船裝飾工藝〉，發表於《傳統藝術》24期；2005 年國立彰化師範大學藝術教育研究所陳威宜的碩士論文〈東港、西港王船工藝之研究〉，特別以東港與西港王船為例，自造船工藝及彩繪部分進行整理、記錄與比較。該文作者認為東港捕漁業興盛，造船產業發達，所建造王船巨大，蔚為奇觀；西港王船體型雖不大，但造形及彩繪與東港王船不同。兩地王船在不同匠師的表現下，造船技術及

彩繪表現各具特色。2006 年邱美仁〈屏東東港東隆宮王船造形藝術研究〉一文，是國立成功大學藝術研究所碩士論文，從民間藝術的角度探討王船彩繪題材與構圖特色，強調王船彩繪除了可用來保護木造的船體表面，更重要的是增加了王船的視覺美感。

三是連結木造王船與無形文化資產之間的關係，例如 2015 年梁芝茗、林思玲〈東港王船工藝——作為一種無形文化遺產保存的初探〉一文，本文特殊之處是詳述東港地區船業發展史，並將東港迎王平安祭典中的木造王船技術，放置於已登錄之木造船世界非物質文化遺產中的「中國帆船的水密隔艙技術」與「波斯灣地區傳統伊朗大船的建造與航行技術」來觀察比較。從中梳理出目前聯合國教科文組織有關木造船業無形文化遺產保存的狀況，以期發掘木造船工藝技術保存與再生的可能性 [20]。2016 年梁芝茗〈東港迎王文化對傳統木造船工藝保存之影響〉碩士論文，結論再度重申：「東港木造王船的興建方式，其中水密隔艙、過水眼、捻縫、龍骨等結構技術，與其他國外已被聯合國教科文組織列為無形文化遺產的木造船技術類似，具有高度的保存價值。[21]」

三、王船技師方面

臺灣王船技師的來源目前主要集中於五個縣市，一是澎湖縣，二是屏東縣，三是原高雄縣，四是原臺南縣，五是嘉義縣，也就是臺灣王爺信仰蓬勃的西南沿海地區。屏東縣造船技師來自東港、小琉球。高雄縣的造船技師大多來自茄萣，包括白砂崙蘇春發、郭岩山與陳其財、頂茄萣李友義、下茄萣林良太、陳英修。臺南縣有來自將軍馬沙溝陳明山、將軍青鯤身王氏造王船家族（王神助、王聰明〔天城師傅〕、王文傑祖孫三代）、安定蘇厝謝福水等人。嘉義縣則集中於東石。然而對於上述五縣市的王船技師曾經受到報紙媒體關注與報導者僅有少數人，包括

澎湖王旭輝、東港謝春成、東港洪全瑞、茄萣白砂崙蘇春發、茄萣下茄萣林良太等人，至於以王船技師作為論文研究對象者目前尚未開啟。另外，臺北市龍舟建造技師劉清正（1942 年次，臺北劍潭基隆河畔三腳渡碼頭的造船世家）則是因為上百艘龍舟、舢舨建造經驗、技術純熟，而先是於 2009 年獲選為臺北市「龍舟技術保存者」，2016 年再獲得第二十屆臺北文化獎的肯定。「北清正、南全瑞」，木造船技師臺北劉清正、屏東洪全瑞（1948 年次）常被記者拿來相提並論。

澎湖馬公王旭輝（1950 年次）在王船製造上取得一定的成就，不僅在澎湖當地頗富盛名，也引起各報紙、電視新聞媒體的關注與報導。2015 年朱立群〈王旭輝窮工極巧　王船古法經典再現〉一文報導如下：

現年 65 歲的王旭輝，承襲了澎湖王家三代相傳的王船製作工藝。清朝時期，王旭輝的祖父王虞，在澎湖天后宮跟隨來自中國大陸的和尚學習製作王船和糊紙；技藝傳至第三代，糊紙由老么王旭昇傳承，王旭輝則熱衷造船，15 歲時開始跟在父親王宗田身邊學習木工造船技藝。王旭輝製作的王船，已被臺中國立自然科學博物館、臺北國立歷史博物館以及澎湖生活博物館典藏；最近一次施作，則是 2013 年幫澎湖烏崁靖海宮打造王船。

臺灣本島各地建造的王船樣式差異不大；相較之下，以馬公王家為代表的澎湖王船，呈現出有別於臺灣西南沿海縣市王船的不同特色。

王旭輝表示，澎湖王家造船，雕刻、彩繪、製作船帆、旗幟等，從頭到尾都由一人包辦，不假手他人；臺灣本島王船製造則由多位匠師協力進行，造船、雕刻、彩繪等各有分工。「各項分

開比較，我們一定輸給本島的王船，但我們做的船，結構較好，也較接近傳統。」王旭輝說。

為了研究各地王船的樣式，王旭輝曾經前往大陸閩南考察。他說，不論是船殼的樣式或施工方法，澎湖王船最接近泉州王船，臺灣本島的王船彩繪則較鮮豔、華麗，迥異於傳統王船用色淺淡樸實[22]。

上文對於王旭輝木工造船技藝與成就十分肯定，而王旭輝自己赴中國閩南考察後認為不論是船殼的樣式或施工方法，澎湖王船是最為接近泉州的王船。2015 年劉禹慶〈文化部也找他！造王船達人王旭輝改造媽祖船〉一文也報導說：

文化部指定「造王船技術」文化資產保存者王旭輝，有感於年齡漸長眼力漸差，加上王船市場混亂，改而專攻媽祖船，並以鳳凰為船體設計，未來希望建造實體媽祖船，航行媽祖故鄉中國湄州島，並成為澎湖內海的觀光利器。

曾前進中國設廠、立基高雄，並在澎湖發跡的王旭輝，除了為廟宇建造王船外，也在國立澎湖科技大學任教，傳授航行實務，木工基礎啟蒙於父親，並負笈桃園學習玻璃纖維造船技術，由於一手木工精湛功夫，列入文化資產「造王船技術」保存者，因長期接觸宮廟文化，因此發願建造媽祖船[23]。

文芝〈臺灣民間工藝之美──澎湖傳統王船〉一文，針對王家三代、特別是王旭輝以傳統技藝打造的王船，認為是兼具了傳統及開創新意的藝術精品。該文有如下描述：

王旭輝為臺中市國立自然科學博物館打造一艘傳統的古王船後，又陸續為澎湖望安離島的天后宮、觀光局澎湖風景特定區管理處、馬公市鎖港里北極殿等機關與廟寺，打造完成一艘艘精緻美觀的古王船。目前，全澎湖僅剩下兩、三位打造王船的師傅，分布於馬公、赤崁，都是由馬公「王家」王虞所調教出來。

澎湖「王家」打造傳統王船，從王虞、王宗田，到王旭輝，王家是三代相傳，保留了古老、沿襲古法製造王船，現今，第三代的王旭輝，是王家打造王船的唯一傳人。

從 15 歲起，王旭輝即跟隨在父親王宗田的身邊，協助建造傳統王船，學習製作王船的技藝，在漫長的人生旅程中，經手二、三十艘王船後，已將王船製作融為生活的一部分，甚至中途曾為了構築王船在海面上航行，而轉行鑽研帆船的基礎理論，才又再度重返王船打造的民俗技藝，使得「王家」出品的王船，成為兼具保存傳統及開創新意的藝術精品 [24]。

2016 年文化部文化資產局出版《一心一藝：巨匠的技與美》一書，收錄了 15 位臺灣傳統匠師的訪談紀錄，其中王船造船技藝的巨匠就挑選了王旭輝。黃凌霄〈造王船技術：王旭輝〉一文，對於王旭輝的王船技藝讚譽不絕。稱譽他是一位「糊紙、王船，三代傳承」的完美主義者，一生「熱愛繪畫與造船」、「挖棺材以練掘斧」、「集多種傳統工藝於一身」、「才華洋藝」、「彩雕一條龍的王船藝術家」[25]。

東港王船師傅比較受到注目的有兩位，一位是謝春成（1945-2017），另一位是洪全瑞（1948 年次）。謝春成本身是在東港開設「春成漁業有限公司」，同時也是東隆宮董事會董事、王船設計科科長，為

東港迎王祭典「實木王船建造技術」之縣指定文資保存者。對於世居東港的王船技師謝春成突然於 2017 年辭世，陳彥廷以〈等不到開光典禮！東隆宮王船設計師辭世〉一文加以報導，文中透露出些許不捨與無奈。該文如下：

> 謝春成國小畢業後就在姐夫建議下「學一把功夫，以後才不會餓到」，師承澎湖籍師傅許契教，並學習造船及製圖，26 歲開始承包漁船建造（含木料與建造技術、製圖），民國 62 年東隆宮的王船從紙紮改為木構，也開啟謝春成終身奉獻技術予王爺及王船的美談。謝春成先和老一輩造船師傅摸索建造南澳式的王船，從王船組組員慢慢成為東港東隆宮王船設計的靈魂人物，最後為東隆宮設計科科長，也是董事會董事，作品遍及臺北、屏東市、枋寮鄉、楓港等地已達20多艘，至今已是第16科設計，日前完工，即將就要開光，但謝春成卻再也見不到生涯最後一艘王船點睛[26]。

至於另一位王船大師就是洪全瑞，他自己除了有一間位於東港鎮新生三路 100 號「舟大工洪全瑞工作室」外，也有 Facebook。2008 年洪全瑞獲得臺灣工藝研究所選拔為「臺灣工藝之家」，表彰他的作品與工藝成就。「從小愛上製造木製船隻的造船老師傅洪全瑞，不僅創作了許多木製的船隻模型，包括各國各式知名風帆戰船，由於手工精藝，今年（2008 年）獲得臺灣工藝研究所評選為臺灣工藝之家。[27]」對於東港地區建造木造船隻的老師傅洪全瑞，2016 年邱芷柔〈王船技師到大學講課　學生稱他「船」奇教授〉一文有更深入的報導：

> 洪全瑞出生於木工家庭，十三歲北上基隆學習木造船技術，十八歲就能獨自承接大型漁船製作，直到木造船被玻璃纖維取

代，他才改行開吊車為生，但他仍利用閒暇打造船隻模型，承接各地委託設計龍舟、王船，累積六十多年經驗，至少打造百餘艘船，除了各縣市的端午龍舟可以看見洪全瑞作品，連美國華府都曾聘請他打造競賽龍舟。

洪全瑞是臺灣目前能夠從雕刻、彩繪、翻造模具到造船一手包辦的技師，他同時也是屏東縣東港鎮鎮海宮主任委員，堪稱國寶級大師。

洪全瑞在演講中秀出鄭和寶船、羅馬戰船、維京戰船、瓦薩戰船、自由中國號等不同木造船型，講述船隻流暢的線條與速度、破壞力，其精密結構與藝術設計等繁複細膩的施工過程，讓學生們驚嘆，認同洪全瑞強調的基本功精神[28]。

鄭和寶船、羅馬戰船、維京戰船、瓦薩戰船等各式船形都難不倒他，他對於船隻流暢的線條與速度、破壞力、結構與藝術設計等全面性的知識與專業技能，令人讚嘆。洪全瑞 17 歲起承製木造船，對於工序、工料、龍骨、隔板、吃水、承重、結構等十分考究，施作精準。

「自由中國號」原名「勝孝利號」，是一艘在 19 世紀末由福州馬尾船廠以傳統工法製造木造漁船。1955 年臺灣購得後改名為「自由中國號」，同年 4 月 4 日周傳鈞等五位船員從基隆出發，8 月 8 日抵達舊金山，成為臺灣史上第一艘達成橫渡太平洋紀錄的木造帆船，因此當年就有「航海節」節日之提議，並將 7 月 11 日訂定為中華民國「航海節」（紀念 1405 年 7 月 11 日〔明永樂 3 年 6 月 15 日〕，鄭和受命下西洋，率 62 艘帆船出海遠航）。2009 年，自由中國號被發現棄置在美國舊金山一家私人船場，將遭拆解，臺灣海洋文史工作者曾樹銘投書報紙呼籲

搶救，2014 年才由海科館及文化部文資局共同委託洪全瑞對自由中國號船體進行修復，2015 年修復完成。

在茄萣地區王船技師雖然也有四、五位以上，但目前比較受到注目的是蘇春發與林良太二位。名列文化部「王船工藝保存技術及保存者」的蘇春發，人稱「西部師」，記者蘇福男特別推崇他，譽之為聰明絕頂的王船鬼才，從不畫草圖，也不打現寸圖，所有圖案都放在他的腦袋！四十幾年來，至少打造出八十多艘傳統木作王船，作品遍及全臺各地和澎湖，尤其臺南灣裡、喜樹和高雄茄萣一帶[29]。2014 年文化部「國民記憶庫：臺灣故事島」計畫就以〈國寶級王船老師傅 50 年做 80 艘手工王船〉為主題，在電視報導蘇春發的王船技藝與成就。

2016 年高雄市立歷史博物館出版了蘇福男、蘇瑞展《造王船的男人：蘇春發的工藝與工班》一書，以深度口訪及插圖繪製的方式，記錄茄萣地區王船製作的重要匠師蘇春發的精彩人生與其打造王船的內裡乾坤。包括王船作品、造王船工序以及介紹李友義、郭岩山、陳英修、陳其財、吳水成等王船技師，並述及這些王船技師與王船接觸的因緣經歷。

與上述王船師傅相較，林良太造船最大的特色就是造船速度非常快，年產量甚多。根據筆者訪談與調查所得初估，他平均大約一個月到兩個月之間就可以完成一艘王船，一年可以完成五至六艘，四十年來估算至少在二百艘以上，甚至有可能超過三百艘，民俗學者黃文博與記者李榮茂都是如此推估[30]。

由於委託林良太造王船的主要廟宇都集中在臺南、高雄，因此提及兩地的王醮活動多少都會簡單數語介紹到王船師傅林良太，例如 2013

年周宗楊〈曾文溪流域王船醮祭造船儀式之研究〉一文，係針對佳里、西港、安定蘇厝等地三年一科的王醮科儀作一全面性介紹，特別是王船製作的相關儀式如艠祭儀式、王船啟眼儀式、王船出塢儀式等作系列性的介紹，也介紹王船師傅林良太為其所造的王船進行「開斧」、「安銅鏡」等各種儀式[31]。2016 年吳明勳〈打造神舟：西港刈香的王船製作〉一文，則是將林良太為 2015 年乙未科西港慶安宮打造王船的工序與流程做一全面性記錄[32]。2014 年文化部文化資產局開始啟動「臺灣王爺信仰文化資產三年守護計畫」，藉此推動瀕臨失傳的「王船木造技術與糊紙技術」與「民俗藝陣」。西港慶安宮除了舉辦王船技藝傳習研習營外，也委託施良達導演全程記錄林良太在慶安宮製作王船的過程，並於 2017 年出版《良藝太師——西港刈香王船木造技術專書》專冊，與《良藝太師——西港刈香王船木造技術紀錄片》[33]。

2015 年楊金城〈造王船功夫　老師傅憂無人船〉一文說：

> 林良太從廿二歲退伍後就投入造王船工作，四十年來建造的王船超過二百艘，光是林良太在西港慶安宮卅六年來建造的王船就有十二艘，北門三寮灣東隆宮、柳營代天院、安定第一代天府等的王船也是請來林良太建造。太師估算，臺灣建造王船技術，如果沒有年輕人「船」承學習，將來會面臨失傳危機[34]。

總之，臺南在地傳統藝術的許多藝師，如剪黏王保原（1929 年次，文化部指定為剪黏泥塑傳統技術保存者，2017 年第四屆國家文化資產保存獎得主）、陳三火（1949 年次，民俗工藝類薪傳獎）、葉進祿（1931 年次，獲第十四屆全球中華文化藝術薪傳獎傳統工藝獎）、彩繪潘春源（1891-1972 年，原名聯科，號春源）、潘麗水（1914-1995）父子、陳玉峰（1900-1964）、陳壽彝（1934-2012，彩繪傳統藝術之保存者）

父子、蔡草如（1919-2007，為陳壽彝之表兄[35]）、神轎製作王永川（1932
年次）、大木作許漢珍（1929 年次，文化部指定為大木作技術傳統技
術保存者）等人，都受到傳統藝術界一定程度的注目，而王船技師的技
藝成就相對地是受到傳統藝術界或一般人忽視的，或許正因為王船師的
王船作品總是隨著「遊天河」之送王儀式而化為灰燼，無法像剪黏、彩
繪、神轎、神像、結網（藻井）一旦完成之後就會被保存下來，喜不喜
歡，作品優劣，後人都有機會可以賞析、品頭論足一番，但柴米、金紙
添載滿溢的王船是神舟，必須透過熊熊火焰，信眾才目送王爺返回天
庭，也因此至今王船技師個人的生命史與在王船史上的定位也多未被詳
細調查與充分討論。

第三節　王船民俗由來與脈絡系統分類

　　清朝時期「王醮」所造的王船，不是搭載人的，而是在民間信仰習
俗為了送走「瘟王」而建造的，當時由信眾不吝惜花費金錢建造王船，
進行送瘟王船的儀式，王船行於海上，還驚嚇到航行海上的荷蘭人，可
見當時所造的王船儼然就像艘真船，並且可以確知當時已經盛行著王醮
送瘟造船習俗。拙著《重修屏東縣志・民間信仰》〈第四章迎來送往——
迎王盛典及其民俗意涵〉曾指出近年來瘟疫漸絕、但臺灣民間王爺廟卻
有增無減、迎王祭典也日益興盛：

　　王爺信仰源自於大陸東南沿海，自漢人渡臺開墾以來，王爺廟
　　即隨之不斷增加，日治時期甚至光復之後，環境衛生雖已大見
　　改善，瘟疫漸絕，但臺灣民間信仰之中迎送王祭典反而更加盛
　　大、此類廟宇亦有增無減，高居全臺各類廟宇之首位。這應與

臺灣早年疫癘猖獗，移民來臺之後為疫癘流傳所苦，而產生瘟疫神祭拜的信仰習俗有關。在「送瘟」王醮活動中，流傳著製造王船並將之送流出海或者燒化的習俗[36]。

王爺廟在日治時期甚至臺灣光復至今，一直在增加，民間崇拜王爺造船送王從不停歇，經實際訪談林良太技師的造船紀錄，每年經由林良太之手所造的王船數量都在增加當中。劉枝萬著《臺灣民間信仰論集》中提到：

> 瘟王之座乘，號稱王船或王爺船，又以裝飾美觀，故稱彩船。……
> 故有者因陋就簡，以紙糊為之，有者頑守古例，用木材建造，桅、
> 帆、錨等等，無一不備，一切造作，均仿真船[37]。

臺灣早年疫癘猖獗，移民來臺之後為疫癘流傳所苦，而產生瘟疫神祭祀迎送的信仰習俗。在「送瘟」王醮宗教活動中，流傳著製造王船並將之送流出海或者燒化升天的習俗。王船製作可分兩種，一是因陋就簡、紙糊為之的「紙紮王船」（又被稱為「彩船」），一是無一不備、實木為之的「木造王船」。而材質構成與尺寸大小「一切造作，均仿真船」的木造王船，堪稱木造王船技師心目中製作王船的八字箴言。

福建地區的瘟神信仰與「送瘟」之俗，最遲到了明代已有明確記載，謝肇淛《五雜俎》云：

> 閩俗最可恨者，瘟疫之疾一起，即請邪神，香火奉祀於庭，惴
> 惴然朝夕拜禮許賽不已。一切醫藥，付之罔聞。不知此病原鬱
> 熱所致，……即幸而病癒，又令巫作法事，以紙糊船，送之水
> 際。此船每以夜出，居人皆閉戶避之[38]。

此與今日臺灣東港送王總是在深更夜半之俗一樣。

「王醮」一詞也早見於清朝臺灣文獻記載，1719 年（康熙 58 年）周鍾瑄《諸羅縣志》載：

敛金造船，器用幣帛服食悉備；召巫設壇，名曰王醮。三歲一舉，以送瘟王。醮畢，盛席演戲，執事儼恪趨進酒食；既畢，乃送船入水，順流揚帆以去。或泊其岸，則其鄉多屬，必更禳之。……近年有興船而焚諸水次者[39]。

1720 年（康熙 59 年）陳文達《臺灣縣志》載：

臺尚王醮，三年一舉，取送瘟之義也。附郭鄉村皆然。境內之人，鳩金造舟，設瘟王三座，紙為之。延道士設醮，或二日夜、三日夜不等，總以末日盛設筵席演戲，名曰請王（筆者按：此「請」實為「宴請」而不是「迎請」之意，今則稱為「宴王」）；進酒上菜，擇一人曉事者，跪而致之。酒畢，將瘟王置船上，凡百食物、器用、財寶，無一不具。十餘年以前，船皆製造，風篷、桅、舵畢備。醮畢，送至大海，然後駕小船回來。近年易木以竹，用紙製成，物用皆同。醮畢，撞至水涯焚焉。凡設一醮，動費數百金[40]。

由以上二條清代臺灣史料可歸納出下列各要點：

一、王醮隨著漢人移民渡臺，至遲於清康熙年間臺灣已有王醮活動。

二、臺灣民間王醮以「三年一科」為常態。

三、醮畢，瘟王置船上送流出海，是謂「送瘟王」或「送王」[41]。1893

年（光緒19年）林豪《澎湖廳志》所言：「建醮演戲，設席祀王，……祀畢仍送之遊海，或即焚化，亦維神所命云。竊謂造船送王，亦古者逐疫之意。[42]」可見自古以來，王醮祭典活動的最大目的就是「送（走）瘟（疫）」。

四、王船建造，十分講究，風篷、桅、舵一應俱全。

五、王醮舉行「送瘟」儀式有二，一是送船入水，順流出海；一是將王船擡至海邊或河流附近焚化。早期應是採「送瘟出海」的方式，但因王船一送出海，可能飄流至其他海邊，「送船出海，任風飄流，間有王船停滯他莊海岸，則該莊亦要禳醮。不然，該莊民人定罹災禍。此有明驗也。[43]」會造成別處沿海聚落之恐慌，此即所謂的「或泊其岸，則其鄉多厲，必更禳之」之由來，故有改採燒化者，以期一勞永逸，此即林豪《澎湖廳志》所言：「（王船）造畢，或擇日付之一炬，謂之遊天河；或派數人駕船遊海上，謂之遊地河。[44]」

六、王船上凡百食物、器用、財寶，無一不具。可見燒化王船之前，必先進行「添載」活動，即在王船上所需要的日常生活用品，一一裝載在船艙。

七、今日盛行的迎王祭典儀式過程與過去文獻所載十分雷同，有演戲酬神、設壇祭神等活動，亦有造船、請王、宴王、送王等儀式流程。

八、王醮所費不貲，朱景英《海東札記》云：「王醮設壇，造舟送迎，儀恪糜費，尤屬不貲。[45]」雖然如此，但「窮村僻壤，罔敢吝惜，以為禍福立至。[46]」

在王醮科儀中，通常以「送王船」來象徵請王爺帶走瘟疫災害、驅逐瘟疫厲鬼，而盛行於臺灣西南沿海一帶「燒王船」祭典，就是透過灰燼升天的「遊天河」方式來達到祈求地方安靖、合境平安的目的。至今疫情緩和，驅瘟送疫的色彩雖已不如移民社會時期之濃郁，然而王醮祭

典活動場面卻是更為盛大、壯觀，成為臺灣民間信仰的一大特色[47]。

　　依民俗學者黃文博的分類，臺灣的王船祭典至少可分六大系統，即朴子溪流域、八掌溪流域、曾文溪流域、二仁溪流域、東港溪流域的臺灣本島五大系統，再加上澎湖群島地區系統[48]。這是學者最早對臺灣迎王與王船祭典作出分類的開始。當然這只是以溪流來劃分的初步分類，其實臺灣本島仍有多處迎王祭典並不在這五條流域的範疇之內，例如屏東滿州四年一科的八保祭典，便無法歸納在東港溪流域的系統裡；而二仁溪流域下游的臺南市灣裡、喜樹、高雄市茄萣雖然可歸納為「二仁溪流域系統」，但臺南市新豐地區南關線的關廟山西宮、歸仁仁壽宮、歸仁保西代天府、歸仁歸南北極殿、仁德大甲萬龍宮、仁德太子廟明直宮的王醮祭典信仰性質，與「二仁溪流域系統」仍有明顯不同，將之獨立視為「南關線地區（或新豐地區）」系統亦無不可[49]。而屏北地區鄰近下淡水溪的六塊厝、頭前溪、大溪洲，與隘寮溪流域的番仔寮、犁頭鏢、仕絨、彭厝、新圍等地，與東港面向海洋，迎、送王爺皆於海邊舉行，兩者形態也明顯不同，故很難將屏東縣內的所有迎王祭典都歸納在「東港溪流域」系統[50]。

1. 張瀛之〈臺灣並非「送王船」起源地，卻保留了全世界最完整的王爺信仰文化〉，《自由時報》，2018 年 1 月 1 日。

2. 有關媽祖接砲彈神蹟的臺灣民間傳說，請參閱戴文鋒〈臺灣媽祖「抱接砲彈」神蹟傳說試探〉，原發表於《南大學報》39 卷 2 期，2005；又收錄於《戴文鋒臺灣史研究名家論集》（臺北市：蘭臺出版社，2016）。

3. （清）林豪《澎湖廳志》（臺北市：臺灣銀行經濟研究室，以下略稱臺銀，1963），卷九〈風俗〉，頁 325。

4. （清）陳文達《臺灣縣志》（臺北市：臺銀，1961），〈輿地志〉一，頁 60。

5. （清）王瑛曾《重修鳳山縣志》（臺北市：臺銀，1962），卷三〈風土志〉，頁 59。

6. 2017 年 3 月 29 日上午 10 時在嘉義縣東石先天宮（主祀李府千歲），筆者訪問林良太時，他提及早年茄萣區漁民捕魚前會先搭建帆寮供奉神明，祈求平安豐收，若能如願，通常也會燒化王船，以表達向神明致謝之意。在先天宮製作王船時，太師除了星期假日返家之外，平時都居住在東石當地，以節省兩地交通往返之時間。

7. 陳穗如〈茄萣鄉域的開發與空間變遷〉（臺南市：國立臺南大學臺灣文化研究所碩士論文，2009），頁 119-120。

8. 對於稱懷有專門技藝的人，本文原係採用清代臺灣文獻慣用的詞彙──「司阜」，例如日治初期成書的《安平縣雜記》，對於臺南府城傳統工藝匠師就稱為「司阜」，如藥店司阜、糊紙店司阜、木屐司阜等。然而審查委員建議應該採《教育部臺灣閩南語常用詞辭典》之用字，因此依照審查意見本書將「司阜」一律改為「師傅」。

9. 蘇福男、蘇瑞展《造王船的男人──蘇春發的工藝與工班》（高雄市：高雄市立歷史博物館，2016），頁 100-103。

10. 林偉民〈打造王船 林良太船承好手藝〉，《中華日報》，2015 年 9 月 5 日。

11. 吳明勳〈打造神舟：西港刈香的王船製作〉，《臺南文獻》第 10 輯，2016，頁 32。

12. 黃文博《西港刈香》（臺南：臺南市政府文化局，2014），頁 77。

13. 戴文鋒〈第四章：迎來送往──迎王盛典及其民俗意涵〉，收錄於《重修屏東縣志・民間信仰》（屏東：屏東縣政府，2014），頁 94。

14. 黃文博〈《瘟神傳奇》後記──認同王船，肯定這塊土地〉，收錄於《瘟神傳奇：曾文溪流域王船祭巡禮》（臺南：臺南縣立文化中心，1992），頁 150。

15. 所謂的「鯤身」就是沙洲，為一種沙汕地形。「鯤」（音同「昆」）是指大鯤魚（大鯨魚），而「身」是指「身體」。因為浮出海面的沙洲島其樣子就像一隻浮出海面的大鯤魚的「身」體，因此正確寫法應作鯤「身」而非鯤「鯓」。從清代臺灣方志及相關所有文獻，均作「鯤身」而未見「鯤鯓」的寫法，例如 1752 年（乾隆 17 年）王必昌《重修臺灣縣志》（卷十五〈雜紀〉〔臺北市：臺銀，1962〕，頁 531）載：「臺灣城，在安平鎮一鯤身。沙磧孤浮海上，西南一道沙線逶連二鯤身至七鯤身以達府治。」由一鯤身（今安平古堡一帶）往南，有連續七個沙洲縱列於西南海面上，分別被稱為一鯤身到七鯤身，國定古蹟億載金城（安平大砲臺）以前就位在二鯤身的沙洲上，所以又被稱為「二鯤身砲臺」，當時二鯤身與一鯤身並未連接在一起，即億載金城與安平古堡分別位在兩塊不同的沙洲上。「鯓」從字義來看，應該是一種魚，但事實上這樣的魚並不存在，字典上當然就不會有這樣的字，這完全是日治時期以後的誤寫。查閱日治時期文獻資料以及《臺灣堡圖》等除了少數仍作「鯤身」之外，已經開始大量出現「鯤鯓」之誤寫，例如 1904 年（明治 37 年）《臺灣堡圖》由北而南的幾個地理位置就標寫成南鯤鯓廟、青鯤鯓、上鯤鯓、二鯤鯓、三鯤鯓、下鯤鯓、四鯤鯓；而總督府檔案派出所平面圖也有「蕭壠支廳青鯤鯓警察官吏派出所」字樣，1926 年（大正 15 年）《陸地測量局將軍庄圖地形圖》寫作青鯤鯓、1936 年（昭和 11 年）北門郡役所《昭和 11 年北門郡概況》（〔臺南州：北門郡役所〕頁 3、77、87）寫作青鯤鯓、南鯤鯓，以及國分直一（1908-2005）〈青鯤鯓と下鯤鯓の漁村〉（氏著《祀壺の村──臺灣民俗志》〔東京：法政大學出版局，1981〕，頁 164）、內田勳（1906-1947）〈青鯤鯓〉（《地球》27 卷 1 號，1937 年

1月）均是身的左邊部首加了魚。而終戰後，除了林勇（1904-1992）《臺灣城懷古續集》（臺南市：臺南市政府，1990），頁7、（清）盧嘉興（1918-1992）《鹿耳門地理演變考》（臺北市：中國學術著作獎助委員會，1965）、《輿地纂要》（臺南：臺南縣政府，1980）幾位學界先進仍使用「鯤身」的寫法外，政府與民間則大多習慣沿用這一誤寫的「鯓」字，直至於今。例如北門南鯤「鯓」代天府、鯤「鯓」王（南鯤鯓代天府主祀「代天巡狩」五府千歲，民間尊稱鯤鯓王）、南鯤鯓代天府之「鯤鯓王會館」、「鯤鯓里」，將軍青鯤「鯓」、將軍鯤「鯓」國小、安平二鯤「鯓」砲臺、南區四鯤「鯓」、鯤「鯓」路等，都是誤寫的結果。因此為免將錯就錯、積非成是，本文若涉及鯤「鯓」之寫法，除了原文引用之外，一律寫成鯤「身」（有關「鯤鯓」與「鯤身」之考辨，請參見戴文鋒、曾國棟《「安平晚渡」、「沙鯤漁火」與「鹿耳春潮」三景之歷史場域調查研究成果報告書》〔臺南：臺南市政府文化局，2019〕，頁14-15）。

16. 李豐楙〈王船、船畫、九皇船——代巡三型的儀式性跨境〉，收錄於黃應貴主編《空間與文化場域：空間之意象、實踐與社會的生產》（臺北市：國家圖書館，2009），頁247-279。

17. 2017年止，當時國家重要民俗是18項。2019年時已是21項，新通過增加「南關線三大廟王醮暨遊社」、「馬鳴山五年千歲大科醮」與「馬祖擺暝」三項。

18. 謝國興、黃名宏、劉懷仁《西港仔刈香——一個傳統王醮的數位紀錄》（臺北市：中央研究院臺灣史研究所，2017）。

19. 吳永猛〈澎湖時裡水仙宮王船祭之研究〉，《臺灣文獻》63卷4期，2012。

20. 梁芝茗（國立屏東大學文化創意產業系碩士班研究生）、林思玲（國立屏東大學文化創意產業系助理教授）〈東港王船工藝——作為一種無形文化遺產保存的初探〉，《2015文化創意產業永續與前瞻學術研討會論文集》（屏東：國立屏東大學，2015）。

21. 梁芝茗〈東港迎王文化對傳統木造船工藝保存之影響〉（屏東：國立屏東大學文化創意產業學系碩士論文，2016），頁165。

22. 朱立群〈王旭輝窮工極巧 王船古法經典再現〉，原刊於《臺灣光華雜誌》，2015年6月號；另刊於《人間福報》，2015年7月17日。

23. 劉禹慶〈文化部也找他！造王船達人王旭輝改造媽祖船〉，《自由時報》，2015年8月19日。

24. 文芝〈臺灣民間工藝之美——澎湖傳統王船〉，《源》76期（2009），頁18-23。

25. 黃凌霄〈造王船技術：王旭輝〉，收錄於朱禹潔等《一心一藝：巨匠的技與美》（臺中市：文化部文化資產局，2016），頁169-178。

26. 陳彥廷〈等不到開光典禮！東隆宮王船設計師辭世〉，《自由時報》，2017年7月28日。

27. 葉永騫〈木船師傅洪全瑞 獲選臺灣工藝之家〉，《自由時報》，2008年1月25日。

28. 邱芷柔〈王船技師到大學講課 學生稱他「船」奇教授〉，《自由時報》，2016年11月16日。

29. 蘇福男〈「西部師」蘇春發 巧手打造木作王船〉，《自由時報》，2016年2月9日。

30. 黃文博《西港刈香》，頁77；李榮茂〈林良太船承好手藝 打造300艘王船 足跡遍及全臺〉，《國語日報》，2015年1月7日。

31. 周宗楊〈曾文溪流域王船醮祭造船儀式之研究〉，《臺南文獻》第10輯，2013，頁143、154。

32. 吳明勳〈打造神舟：西港刈香的王船製作〉，頁32-45。

33. 施良達《良藝太師——西港刈香王船木造技術專書》（臺南市：西港玉敕慶安宮，2017）。施良達《良藝太師——西港刈香王船木造技術紀錄片》（臺南市：西港玉敕慶安宮，2017）。

34. 楊金城〈造王船功夫 老師傅憂無人船〉，《自由時報》，2015年1月7日。

35. 清末以來，臺南府城傳統彩繪名師輩出，陳玉峰家族、潘春源家族堪稱為臺南府城傳統彩繪的兩大家族。

36. 戴文鋒《重修屏東縣志・民間信仰》，頁89。

37. 劉枝萬《臺灣民間信仰論集》（臺北市：聯經，1983），頁336。

38. （明）謝肇淛《五雜俎》（上海：中華書局，1959），卷六，頁 178-179。

39. （清）周鍾瑄《諸羅縣志》（臺北市：臺銀，1958），卷八〈風俗志〉，頁 60-61。

40. （清）陳文達《臺灣縣志》，卷一〈輿地志〉，頁 150-151。

41. 連橫《臺灣通史》（臺北市：臺銀，1962），卷二十二〈宗教志〉，頁 571。謂：「以紙糊一舟，大二丈，奉各紙像置船中，凡百器用、財賄、兵械，均以紙綢為之，大小靡不具。愚民爭投告牒，費（音同『賴』）柴米，异（音同『於』）舟至海隅火之，謂之『送王』。」

42. （清）林豪《澎湖廳志》，卷九〈風俗〉，頁 325。

43. 不著輯人《安平縣雜記》（臺北市：臺銀，1959），〈風俗現況〉，頁 14。

44. （清）林豪《澎湖廳志》，卷九〈風俗〉，頁 325。

45. （清）朱景英《海東札記》（臺北市：臺銀，1958），卷三〈記氣習〉，頁 29。

46. （清）王必昌《重修臺灣縣志》（臺北市：臺銀，1962），卷六〈祠宇志〉，頁 182。

47. 戴文鋒《重修屏東縣志・民間信仰》（屏東：屏東縣政府，2014），頁 90。

48. 黃文博《南瀛王船誌》（臺南縣：縣文化局編印，2000），頁 24-37。

49. 有關臺南市新豐地區南關線的王醮，請參黃文皇〈臺南市新豐地區南關線王醮祭典之探究〉（臺南：國立臺南大學臺灣文化研究所碩士論文，2012）。

50. 戴文鋒〈第四章：迎來送往——迎王盛典及其民俗意涵〉，收錄於《重修屏東縣志・民間信仰》，頁 90。

第二章

與船結下
不解之緣

—— 家庭背景與學藝生涯

　　臺灣造王船數量最多的林良太，從建造第一艘王船至今，已經有超過二百艘，除了少數是私人典藏之外，從他手中建造完成後已遊往神界、天界，在臺灣南部各寺廟所舉辦的迎王醮典中，常常可以看到林良太建造彩繪華麗鮮豔的王船（有少數是法船），從早期神秘的王船不能讓人輕易的窺探與接近，到現在王醮儀式公開（王府行儀仍然神聖神秘），吸引眾人目光，傳承臺灣宗教民俗文化的重要人物林良太，他有著什麼樣的人生歷練？

　　每次看到王醮祭典即將結束，王船盛滿添載物品即將出往神界，那矗立在虔誠信眾眼中，除了讚美王船的古典造形及華美的彩繪，也歎息這艘王船在轉瞬間焚化消失，雖然能從攝影鏡頭捕捉留在人間的短暫美麗，但是更嘆息林良太藝師精巧手藝沒有找到傳承的人選。

　　這些承載著信徒「添載」虔誠心意的王船，在儀式中火化遊往天河，留在信徒眼眸過往一瞬間，一艘艘王船航出，又有一艘艘王船在王船廠中製造、出廠，船在、船往，船就在這裡——林良太的手中！王船從建造完成到火化焚升天際的時間，只有短暫的停留，所花費的時間、經費可觀，信徒們虔誠的祈願在烈焰中隨著光亮與火焰冉冉而升。

　　保守估計，林良太已有建造超過二百艘王船的歷經與技術，在他的技藝過程中有什麼轉折變化？與同屬茄萣地區的白砂崙[1]蘇春發（人稱「西部ㄟ（ê）」、西部師）王船藝師一樣，林良太也具有「打造王船從不畫草圖，也不打現寸圖」的特殊能力與造船習慣，「所有圖案都放在他的腦袋」，「鬼才王船師」是記者蘇福男針對蘇春發王船師的讚譽[2]。我想這樣的讚譽也應同樣適用於林良太。1951 年生的林良太年紀雖然比 1943 年出生的蘇春發年紀小了八歲，但王船製造的數量卻遠遠超過蘇春發一生的八十餘艘，所承製王船的分布範圍也遠遠超過蘇春

發。蘇春發王船製作的範圍大多集中在臺南灣裡、喜樹和高雄茄萣沿海一帶的宮廟，林良太則是北抵苗栗通宵（臺灣西部沿海王船祭典最北之盡頭），南至高雄、屏東，甚至遠達後山臺東、花蓮，這些地區的廟宇都可見到他所打造的王船。2012 年，筆者與訪視委員民俗學者黃文博校長及文化部相關單位訪視蘇春發之後，即共同決議將蘇春發提報列名「王船工藝保存技術及保存者」，蘇春發於是成為臺灣王船匠師少數保存者之一，高雄市立歷史博物館也因此委託蘇福男、蘇瑞展針對蘇春發進行口述訪談，而於 2016 年 9 月出版了《造王船的男人——蘇春發的工藝與工班》口述專書。

兩人之王船技法雖然都十分高超，然而卻同樣已經面臨後繼無人、技藝斷層的窘境，2016 年 1 月有「鬼才王船師」之稱的蘇春發，不幸發生車禍，重度昏迷，獨特的王船技藝將面臨失傳危機。而對於一生將超過半世紀（1964 至今）投入造船工作的林良太而言，其建造傳統王船的技藝，不僅蘊含著各廟宇送迎王爺的信仰文化內涵，也擔負著王船技藝傳承的承先啟後關鍵。

透過田調訪談林良太從年輕學徒開始造船至今，已經超過半世紀，茄萣王船師傅林良太對於建造王船不只是將之視為一種職業或工作，我發現他在建造王船過程中，必然會將精神專注力與生命歷練力全數傾注而入（圖 2-1），在作品告一段落或完成之後的片刻休息中則會自然流露出愉悅的神采（圖 2-2），彷彿他「手作」的新生命即將誕生一般（圖 2-3）。這樣自然愉悅的神情讓人更想了解林良太造王船的生命密碼，一窺林良太內心的王船世界。探討林良太藝師造王船的技藝，筆者發現有諸多「命定」，首先是他成長的家庭是世代以捕魚為業的世家背景，這是他「命定」中可以找到第一個與「船」有關的遠因與連接點。而小

▲ 圖 2-1
將精神專注力與生命歷練力全數傾注於
建造王船過程中的林良太／劉采妮攝

▲ 圖 2-2
在自己打造的王船面前林良太總是自然地流露出愉悅
的神采／劉采妮攝

學畢業後，1964 年（民國 53 年）他開始在造船廠擔任童工，學習木船
製造技藝，這是他「命定」中可以找到第二個與「船」有關的近因與連
接點。1975 年成家立業後，他與鄰居紙紮王船師傅徐典才（1903-1984，
人稱老乞伯仔）的合作，才由打造木殼漁船轉變成為打造實木王船的職
人，從此開啟他一生為神明打造「神舟」的職涯，這是他命定中可以找
到第三個與「船」有關的近因與連接點。

▲ 圖 2-3　如陽光一般燦爛的笑容，彷彿他「手作」的新生命即將誕生／李孟芳攝

第一節　數代以漁業維生的家庭背景

　　林良太出生於高雄市茄萣區下茄萣的海邊小漁村，低矮的祖厝面對的就是大海。小時候的門埕遊戲場就是大海與海灘，他說不用人教，自然練就不會沉入海底的本領。「下海」就像進入廚房一樣稀鬆平常，面對日升日落的浩瀚海面，目光迎送每艘漁船出入海面，「船」跟「海」似乎就占據了林良太兒時記憶的全部畫面。

　　「海」是林良太一生賴以為生的場域，家裡的生計也是「海」給的，林良太的「海海人生」分為三個階段：第一個階段他學習造船技術，第

二個階段他到大海成為一位「行船人」，第三個階段他為廟宇神明製造
王船。

　　林良太對自己的家族淵源至少可追溯到清朝時期從曾祖父林捆（年
代不詳）的時代，至林良太的兒子這一輩至少有五代，這五代人共橫跨
清朝時期、日治時期與戰後三個政權轉移，但從曾祖父林捆在茄萣沿海
捕魚為業開始，也幾乎都承襲了在茄萣沿海捕魚的維生方式。於今家族
開枝散葉，曾祖父林捆、曾祖母郭氏玉，祖父林土、祖母林黃儉。父親
林順發（1905-1982）與母親林侯操（1914-1992）生下了五個兒子、四
個女兒，除了三男是以魚塭養殖為業之外，兒子全數都是以捕魚為業。

　　在家中排行最小的兒子林良太，從 13 歲開始就已走進的「船的世
界」，進入安平「航裕造船廠」（安平區安平路 33 巷 5 號）跟隨陳拐
岸（1927-2014，生於安平灰窯尾社內）學習造船技術、接著跟隨糊紙
師傅老乞伯仔徐典才學習紙紮王船的概念，並將紙紮王船靈活轉化運用
於木造王船，送走百帆，再造王船，終生為神明造船。將近半世紀（1975
年起至今止）的造王船經驗讓他在臺灣民間信仰的王船製造歷史上占著
一席之地。雖然在 1983 至 1985 年期間，有一度他是以捕魚維生，但
捕魚維生的日子十分短暫，後來就轉而從事與臺灣傳統民俗宗教活動更
為密切的「造王船」工作。

一、父親林順發與母親林侯操

　　林良太出生時祖父母已經不在世，父親林順發（1905 年 9 月 27 日
生，1982 年 6 月 6 日歿，偏名是「林老明」）與母親林侯操（1914 年
12 月 3 日生，1992 年 2 月 26 日歿，茄萣崎漏人）要維持一個全家 11
口的大家庭三餐、日常開銷與經濟支出，生活困難可想而知。林良太

記得小時候每餐都是喝地瓜粥，只有節慶拜拜的時候才可以吃得到白米飯。林良太回憶說，小時候父母親經常為了九個小孩及家務事爭吵不休，在他大約 4、5 歲稍微懂事的時候，就必須要幫忙家裡從事勞務工作，小學放學回家後，就要把竹梭纏繞滿繩子（有棉、麻、塑膠材質），跟著父母親縫補魚網，只要縫錯網格就會被父親用手指敲打腦袋瓜。工作之餘，會跟鄰居玩伴一起打陀螺、尪仔標、紙牌、玻璃彈珠，肚子餓了就會找尋沙灘上隨手可得的小螃蟹、槍管螺、土星蛤。他說生活在海邊肚子餓了想裹腹，解決的方式，就是在海邊找石頭堆疊成灶，輕而易舉就地烘烤鮮甜味美的海鮮填飽自己的肚子 [3]。

林良太造王船的工作態度及其待人接物的方式，受到父親林順發很大的影響。高大的父親林順發有 178 公分高，鄰居口中的林順發，是被公認品行老實善良，喜歡幫助弱小，從不占別人便宜，一生認真賺錢工作的人。日治時期林順發曾經被日本人鞭打過，所以兒孫輩說爺爺林順發一提到日本人，就會全身酸痛！那是一個長輩面對異族統治的反叛印記。

生活在海邊的林順發就是靠著在茄萣抓魚苗或是在近海以竹筏及牽罟捕魚來養家活口，而母親林侯操則是在家帶小孩及幫忙先生林順發一些漁業的雜務工作。林良太是家中最小的男孩，他的記憶中兄姐在他懂事的時候都已經在外面工作賺錢了，所以經常跟隨在父母親身邊的就是林良太及最小的妹妹林麗枝（1953 年次，小林良太兩歲）。母親為了貼補家用，養了一頭母豬，將母豬生產的小豬仔販售，以增加家裡入不敷出的收入。

長男　林雙寬 1931.09.17	二男　林上海 1933.11.20
三男　林進來 1936.02.04	長女　林　美 1939.03.20
次女　林　却 1941.04.19	四男　林文良 1943.10.13
三女　林春銀 1947.12.08	五男　林良太 1951.06.14
四女　林麗枝 1953.09.07	

曾祖父（林捆）— 祖父（林土）— 父　林順發 1905.09.27
曾祖母（郭氏玉）— 祖母（林黃儉）— 母　林侯操 1914.12.03

▲ 圖 2-4　林良太家庭世系圖

二、兄弟姐妹

　　林良太家中兄弟姐妹共有九人（圖 2-4），雖然人數眾多，但彼此之間感情相當融洽。老大是林雙寬（長男，1931 年次、已歿）、老二是林上海（次男，1933 年次）、老三是林進來（三男，1936 年次）、排行第四林美（長女，1939 年次）、排行第五林却（次女，1941 年次）、排行第六林文良（四男，1943 年次）、排行第七林春銀（三女，1947年次）、排行第八林良太（五男，1951 年次）、排行第九林麗枝（四女，1953 年次）[4]。其中，老大林雙寬至排行第六林文良都是日治時期出生，排行第七林春銀、第八林良太、第九林麗枝則是戰後初期出生。

　　兄弟姐妹之間年紀最大與最小者差距 22 歲，這樣年齡差距以當時的社會而言，老大已是小妹的父執輩的年齡。由於年齡接近的關係，排行第八的林良太與最小的妹妹林麗枝感情最要好，無所不談，更是童年時候最重要的玩伴。

　　長大後兄姐妹各自成家，大哥有三個小孩、二哥三個小孩、三哥四個小孩、大姊有四個小孩、二姊有三個小孩、四哥有四個小孩、三姊有四個小孩、最小的妹妹有四個小孩。出嫁的女孩除外，林順發的這個大家族，結婚成家的兒子們早期都是住在一起，沒有離開茄萣的祖厝。

　　林順發領著一家人住在面對大海、有百餘坪的祖厝，以捕魚維生。五個兒子成家之後，林順發在祖厝的土地上，幫兒子們建造兩排房子，一戶一棟，都是面海的，東西向。兩排房子中間有六米寬的廣場，林良太記得最清楚的是，一到傍晚炊煙升起，四位哥哥加上林良太共五戶人家，就將桌椅搬到家門口，兩排對向的中庭廣場上，面對著大海夕陽西下美麗的景緻享用晚餐，有些比較活潑的小孩，會端著碗筷，看看哪家菜比較豐盛，順手夾著喜歡吃的菜餚，氣氛相當祥和愉快，那種天倫之樂的用餐記憶，深刻烙印在林良太的腦海中！

　　林良太說，家中四位哥哥中排行一、二、六、還有自己，都從事捕魚業，排行第三的哥哥是唯一的例外，從事魚塭養殖，雖與漁業有關，但危險性較低。早期父母親生日時家族都會聚餐，父母親過世之後，林良太還是常常跟兄姐有來往，由於跟外甥、姪子們的年紀接近，因此相處起來如同朋友一般，兄姐們也會關心詢問林良太的王船製造工作。目前家族有關的婚喪喜慶等事情，都是由林良太出面處理。

　　林良太在家中排行第八。1951 年出生的林良太與 1953 年出生的妹妹林麗枝感情相當好，常常牽手走在一起，小學畢業之前，經常與妹妹在海邊玩耍，那時候海是他倆的遊戲天堂，沙灘就是床，累了就橫躺在沙灘上休息，那時仰望海天，稚嫩幼小的眼界無限延展，讓林良太至今仍擁有海闊天寬的思路。

就讀茄萣成功國民學校牛頭班（不升學的班級，一班五十多人）的林良太，只記得當時逗女同學玩的樂趣之外，對於讀書沒興趣，國民學校畢業後，在家一刻也閒不住，經過父母親的同意，1964 年林良太就被年紀大他 18 歲的二哥林上海（當時 31 歲，已經成家）帶到安平去當學徒，而二哥租屋處的房東就是經營航裕造船廠的老闆陳拐岸。經由二哥洽談之後，林良太就被送到航裕造船廠當起學徒。

擔任學徒期間，需要打掃環境以及一些瑣碎的雜務。目前，林良太帶領的造王船班底，也是保存著他 13 歲進入航裕造船廠擔任學徒期間，需要打掃環境以及一些瑣碎的雜務的傳統訓練，林良太告訴進入他建造王船班底的成員，藉著收拾工具，可以認識並知道如何來正確使用每項工具。在航裕造船廠學習一段時間、擔任半桶師（技藝尚未達精熟程度、還未完全「出師」的資深學徒）之後，他開始比較熟悉造船的程序，也漸懂得如何藉由靠近造船師，讓自己的技藝提升，並讓自己更加懂得造船師的手勢、眼神、動作，以備妥造船師每個工作順序銜接的需求。從訪談林良太早期在航裕造船廠的學習之路，對應林良太現在跟隨他的班底成員的養成訓練，完全同出一轍。

在航裕造船廠當童工學徒的時候，跟著哥哥、嫂嫂一家人共同住在租屋處，他在造船廠工作一個月（不供餐），平均可領到 100 元薪水（當時可買 6 斗米），每 10 天領一次薪水，領到的薪水林良太會將其中的三分之二交給母親，三分之一留在身邊零用。在學徒的學習過程中，很快摸清楚每天的工作流程，對於不斷重複單調繁複的工作，認為工作很辛苦而無趣，漸漸感到乏味，時值青春叛逆期，終於讓他在進入航裕造船廠的一年後（1965 年）就選擇逃離造船廠，偷偷跑回下茄萣的家裡。被爸爸林順發罵了一頓之後，一個多月後由媽媽林侯操帶回造船廠，再繼續回到之前的學徒工作。

　　回到航裕造船廠工作後，開始穩定認真的進入學習造船手藝的領域，單調的工作過程及環境中，能讓林良太嘴角上揚，發出微笑的記憶，就是下班後能跟著造船廠同事到市區休閒娛樂。1969 年，對年滿 18 歲的林良太而言，是他脫離男孩、跨進男人世界中記憶最深刻的一年。他靦腆的表情，隨即眼光轉向別處，低頭玩弄手指，似笑非笑的說，在造船廠一個星期工作六天，最愜意的是星期假日跟著師傅到臺南市鬧區。有別於一般同年齡層還在校就讀的學子，林良太在造船廠前輩們的帶領下提早進入社會，面對花花世界，在市區的茶室裡喝上一杯 15 元的木瓜牛奶，並接觸到有女人陪的休閒娛樂，那是青澀的年輕歲月對於男女之間認識的初始記憶。

　　1975 年，25 歲的林良太經朋友介紹與高雄路竹吳秋碧結婚。兩年後，1977 年長子林聖彬出生。回憶起當時孩子出生時，他都不能接近老婆、孩子，所以一直留在王船廠，等到王船建造完成後才能回家看第一位出生的兒子。第二個孩子是女兒，1978 年林瓊芬出生，林良太記得很清楚，那一年正好是他開始陸續接到私壇要製造王船的工作。隔年又承製了高雄（縣）永安（鄉）「新港宮」兩艘（30 尺）、兩艘私人佛寺的法船（30 多尺）定功輪、協功輪。第三個小孩 1980 年出生，是女孩林佳玟。隔年他辭掉航裕造船廠的工作，在住家附近的興達港修理漁船（約四、五人搭寮在岸邊修理

▲ 圖 2-5　1983 年林良太與小兒子合影／林良太提供

船將近一、兩年）。1982 年第四個小男孩出生（圖 2-5），林聖南出生的那個月，林良太的父親林順發過世。

1980 年代開始，木殼漁船逐漸改為玻璃纖維材質製作，這使他感到難以適應，幾經考慮，最後他選擇離開玻璃纖維材質興起的漁船製造，轉換到實木打造王船的跑道。

第二節 船廠學徒——航裕造船廠開啟木殼漁船技術

清領時期（1683-1895）安平海上交通全賴船運，包括航行至廈門、天津的橫洋船、唐船、販艚船等，航行於臺灣西部南北沿海的夾舨船、舢舨頭船、一封書船、龍艚船、頭尾密船，在安平附近採捕的舢舨（尖頭、漁船底，用途多樣，構造簡易、河川內或沿岸邊的行駛小型木船）、網仔船、手撐仔、尪仔船、竹筏等，種類繁多[5]。一直到日治時期（1895-1945），因為臺灣物產豐富，對外海上貿易頻繁，因此藉由安平港進出的航運發達，清領時期在臺灣所設的造船廠大多是為了修造戰船而設[6]。

日治時期的臺灣鹽大量輸往日本，布袋、安平都是運鹽重要的港口，當「火船」（貨輪）船期接近時，鹽倉的鹽包會以小火車、手推車、牛車等載具搬運至碼頭，火船抵達前一天就先裝上接駁的「帆船」，等待風、潮俱佳時機，駛往停靠在外海的「火船」[7]。

從清領時期一直到日治時期，臺南地區近海的船運發達，安平港區與運河沿岸一直都是木殼漁船造船業的集中地，目前安平區大部分造船廠都還集中在安億路上（億載金城附近），筆者訪查現今安億路上仍有

「國瑞」（安億路 121 號）、「木榮」（安億路 123 號，創辦人曾木榮）、「信安」（安億路 125 號）、「新海豐」（安億路 127 號）、「松林」（安億路 129 號，陳金龍〔容後說明〕岳父李松所開設）、「進松」（安億路 131 號，陳金龍岳伯父李天進所開設）、「共進」（安億路 133 號）、「港興」（安億路 135 號，陳金龍購入開設）、「巍傑」（安億路 137 號，原本在臨安路近安平路，原名「海盛造船廠」）共有九家，加上安平路上的「航裕」共十家造船廠，目前「航裕」（林良太老闆陳拐岸創辦，2014 年後隨著創辦人離世而停止營運）未再從事造船業以外，尚有九家造船廠仍在營運。

這一整排造船廠目前年紀最大的造船師傅是安億路 135 號「港興造船廠」負責人陳金龍，其造船資歷超過一甲子，對於安平地區的造船歷史與王船生態瞭若指掌的他說，當時在同一運河岸邊約有五家造船廠，後來臺南市長蘇南成進行都市計畫整建，才將造船廠集中移往安平區的安億路上[8]。除了木殼漁船之外，陳金龍亦專擅王船打造，因此 2019 年被臺南市政府列冊為「王船建造與修復」之文化資產技術保存者。

陳金龍於 1945 年光復後（12 月）出生，安平海頭社人，為「港興造船廠」現任老闆[9]。13 歲西門國小畢業後，就跟著（13 代）叔公陳明慶師傅學習造船技術，陳明慶則是師承 12 代陳大開（陳金龍家族從大陸移居臺灣的輩份，第 12 代的陳大開是陳金龍的師公）。陳金龍所述及的「陳大開」造船師傅，其實就是 1896 年（明治 29 年）出生於海頭社的「陳開」。陳金龍記憶中，陳大開與陳明慶是在海墘及草埔地造船，而戰後安平造船業發達，當時整個安平地區只要有空地的地方，就有人在造船。

臺南市傳統帆船暨王船建造與維修師傅陳金龍，業界稱他金龍師，

員工稱呼他「老董仔」。據筆者所知，安平地區部分廟宇所奉祀的永祀王船（安平永祀王船密度稱為全臺之最，「祀而不焚」的永祀王船為安平地區廟宇的一大習俗）就是出自陳金龍之手，如 1991 年安平靈濟殿（安平路 75 巷 18 弄 2 號）辛未年「通恩號」永祀王船、1992 年安平靈濟殿「薛金海號」。安平區以外，2012 年臺南良寶宮（主祀十二瘟王吳府千歲，東區崇善路 575 號）有一艘 4 尺 6 永祀王船（另一艘 3 尺 6 王船已隨王醮燒化）、永康威尊堂（主祀李府三尊王，原在永康區自強路 188 巷 35 號，現已遷移至山上區豐德里 4 鄰隙子口 88 號）有一艘 7 尺永祀王船、臺南德聖堂（私壇，文賢國中旁）有一艘 7 尺永祀王船、嘉邑車頭口西安宮有一艘 14 尺永祀王船，都是其作品[10]。此外，2017 年他接受國立臺灣歷史博物館委託打造一艘 3 尺 7「手撐仔」模型船，2018 年接受安平妙壽宮（主祀保生大帝，古堡街 1 號）委託修護宮內一艘清末時期（1867 年〔同治 6 年〕）名為「金萬安」的永祀王船。2008 年安平北極殿玉興堂（平生路 7 號）「金銘鑫」號王船，與 2010 年茄萣興達港三清宮（濱海路一段 17 之 3 號）王船，亦出自陳金龍巧手，但已隨王醮燒化不存。

在小學快畢業的時候，學校都會調查要就學或是就業，由於陳金龍美勞作業都是最優秀的，因此很清楚而自信地回答老師說：「我要學習造船，要造出美術船。」陳金龍說，每家造船廠的木殼船規制、形制都不一樣，不只是每家的船型不一樣，同樣的造船師傅打造出來每艘木殼船的形體也都不一樣，都是要靠造船師的美感與流線感[11]。當時學習造船都是木殼漁船，他說有「手撐仔」、「舢艫仔」（大型木殼船）等，而木殼漁船製造是從清朝時期原就有的，一直延續到日治時期，光復之後到 1960 年代、1970 年代，大致都是以木殼漁船為主。整個安平地區在全盛時期至少有 150 人以上是造船業者[12]。

　　一般學徒都是 13 歲開始，造船廠也不例外，陳金龍在船廠學習造船規制以及技術，23 歲從桃園炮兵基地退伍後，就到岳父李松（灰窯尾社人）所經營的「進松造船廠」繼續造船職涯，而進松造船廠就位在陳拐岸的航裕造船廠隔壁。25 歲就向安平運河邊的「靈濟殿」租廟埕之地為造船廠所，當時在安平運河右邊警察局後方的造船廠往海邊依序為航裕（林良太學習造船技術的船廠，負責人為陳拐岸）、進松、港興三家造船廠，最後才是租借靈濟殿廟埕為場所的陳金龍個人造船。後來靈濟殿旁「港興造船廠」的王老闆因繼承無人，於 1984 年（民國 73 年）就讓渡予陳金龍接手，並遷移至億載里安億路 135 號的現址至今。「當時正值年輕體力好，一人可抵四人的力氣，也完成大小艘三十艘上下的木殼漁船。」陳金龍得意地說 [13]。

　　當時每艘造好的木殼漁船要到海裡下水，必須借助鐵軌滑動，但是陳金龍則是從靈濟殿的壩頭到海域間架設起簡約式的木造軌道，如此雖然節省成本，卻是相當危險，需要膽大心細，稍有不慎，就會功虧一簣，讓整艘建建好漁船的心血瞬間化為烏有，也因此每次新造漁船下水，就吸引很多人前來觀看。

　　陳金龍於 1984 年接手「港興造船廠」，當時還是以木殼漁船為主，雖然臺灣其他沿海大城市也有造船業，但是安平港因有技術優良的口碑，因此安平所獲得的造船訂單也最多。1985 年他接受澎湖風櫃、西嶼訂製，建造最後四艘木殼漁船，他舉自己建造的木殼漁船為例，甲板接縫不用防水塗料，木頭選料必須曬得夠乾，船板部分是以臺灣檜木為木料，木殼船的船身肋骨是以柔軟度好、不易斷裂的相思木為木料，所造漁船經久耐用，因而獲得良好的口碑。

　　港興造船廠港興造船廠的造船業務 1980 年代晚期以後陸續轉向，

開始承作 FRP（玻璃纖維）材質的造船營運。到了 1990 年起，木殼帆船也漸漸開始有一些訂單，這些訂單大多來自寺廟訂製王船、法船。陳金龍在造船家族的成長背景，讓他跟在師公陳大開（輩分要稱阿祖）及師父陳明慶（稱呼叔父）的身旁，常聽到這些長輩提到中國古船，如手撐船、舶艚仔，他說舶艚類似王船，船緣弧度不大，造形簡單，可以裝貨運搬，外海載貨。

因此，他造船廠的訂單來自全國各地，尤其是澎湖風櫃漁船百分之九十出自陳金龍師傅，最小 6-7 尺長，最大 20 尺、30 尺長都有，不僅他的造船廠，整個安平造船廠建造的木殼漁船在當時都是相當搶手。除了少數的古早船——手撐船、舶艚仔之外，還有木殼束網船（捕烏魚船，最大艘的束網船長度 70 尺）、牽蝦船、延繩釣船、流刺網船等，這些木殼漁船都是手工打造，沒有模子，每家造船廠做法不一，所以各家有各家的特色，但基本上都有中國帆船船型及日本船的影子。

依照陳金龍的說法，早期安平最多有十幾家造船廠，分布在安平舊聚落及運河旁邊，後來只剩下臺南盲段對面兩家、安平舊部落四家、臨安路靠安平路一家（安平派出所邊，舊新南國小旁，原名「海盛」[14]，後來遷到安平安億路上改名「巍傑」造船有限公司），共七家。前臺南市蘇南成市長規劃五期小型造船區，一路之隔就是歷史古蹟的億載金城，現今安平地區所有造船廠都遷移到安億路上，根據 2013 年 1 月 23 日臺灣區造船工業同業公會會員名冊統計資料中，還列入陳拐岸經營的航裕造船廠，然而 2014 年已經停業，因此扣除航裕造船廠之後，安億路上目前共有九家造船廠。

根據《安平區志》的記載，很清楚的知道日治時代整個安平地區包括有港仔尾社、妙壽宮社、十二宮社、灰窯尾社、王城西社、海頭社等

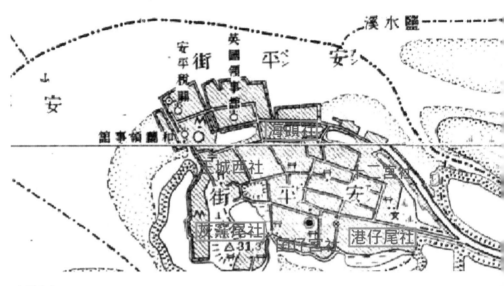

▲ 圖 2-6
安平六社中的灰窯尾、海頭、港仔尾造船業興盛／底圖來源：1898 年《臺灣堡圖》，
中央研究院人社中心地理資訊科學研究專題中心。
http://gissrv4.sinica.edu.tw/gis/twhgis.aspx（檢索日期：2019 年 1 月 22 日）

六角頭，傳統產業的職業分布中有不少是船夫或造船相關行業，並帶動
相關產業的興起 [15]。

　　戰後，安平造船業依然興盛，航裕造船廠當時位於安平運河北岸，
沿岸有好幾家造船廠，當時的運河通往海面，還有許多「帆船」在接駁
運鹽。林良太在當學徒奠定造船基礎時，正值安平地區的造船業興盛時
期，在航裕造船廠的前面、周遭都有為數不少的造船廠。總之，安平在
日治時期甚至在光復初期，沿著運河出海口附近舊部落的港仔尾、海
頭、十二宮、妙壽宮（筆者按：即當地所稱的団仔宮社、港仔宮社）、
王城西、灰窯尾六個角頭（筆者按：當地俗稱「安平六社」）造船業興
盛，尤其是灰窯尾、海頭、港仔尾等三社 [16]（圖 2-6）。

　　日治時期臺灣的造船師傅於職業別登記上稱為「船大工」或「舟大工」，當時造船藝匠共有三種等級，一為可設計監造全船者，二為執行造船過程的木工，三為學徒。造船的技藝由於船舶各部分材料不同、曲線不同，較之一般木工更為複雜。

　　陳拐岸為日船大工系統，日治時期日船造船業職級階層如下：取締役（社長）→主任技師（村田信義）→工頭→大工→學徒。日治時期安平地區的「船大工」至少共有 14 位，堪稱造船技師雲集，名單如下表。

表 2-1　日治時期安平地區的船大工一覽表

編號	姓名	出生年	所在社名
1	李乞食	1897（明治 30 年）	灰窯尾社
2	李天進	1906（明治 39 年）	灰窯尾社
3	曾有義	1908（明治 41 年）	灰窯尾社
4	曾清山	1925（大正 14 年）	灰窯尾社
5	曾木榮	1928（昭和 3 年）	灰窯尾社
6	曾諒	不詳	灰窯尾社
7	李松	不詳	灰窯尾社
8	李南成	不詳	灰窯尾社
9	陳拐岸	1927（昭和 2 年）	灰窯尾社
10	陳諒	1876（明治 9 年）	海頭社
11	陳開	1896（明治 29 年）	海頭社
12	陳江	1870（明治 3 年）	海頭社
13	吳澤	1882（明治 15 年）	港仔尾社
14	陳老看	1891（明治 24 年）	市仔街（下街）

資料來源：林朝成、鄭水萍主修《安平區志（下冊）》（臺南市：安平區公所，1998），頁 913。

安平地區陳拐岸（1927-2014，生於安平灰窯尾社內，安平觀音亭前任主委，圖2-7）除外，其他13位造船師傅（船大工）都是屬於傳統臺船系統，臺船系統設計與承造的大工來源，基本上都是師傅傳授徒弟或是父藝子傳的沿襲方式，對於船身結構、尺寸比例、性能特徵都是憑藉豐富經驗的傳承，才能瞭若指掌。在「須

▲ 圖2-7　2010年陳拐岸（右三）與安平觀音亭眾委員合影／謝奇峰提供

田造船所」向日本人須田義次郎學習造船的陳拐岸，是二級藝匠，可以執行造船工程。陳拐岸的造船技術，是奠基在日治時期日本開設的須田造船所。而林良太則是向老闆陳拐岸學習造船技術，因此多多少少會有日本船的影子，亦是不難想像。

安平港附近海面上常見的帆船、漁船、貨船，大多是由安平當地的造船廠建造的。由陳拐岸創辦的航裕造船廠早期主要是營造木殼船舶，後來也與臺灣許多造船廠一樣，開始營造玻璃纖維強化塑膠（Fiberglass Reinforced Plastics, FRP）船。林良太學習木殼船舶建造技術，形成他往後在王船形制製作的最重要、最紮實的基礎。林良太回憶在安平航裕造船廠當學徒的情形說：

當時造船廠的老闆是陳拐岸，那個時候造船廠裡面的師傅大約有二十幾人，其中有三、四位是學習比較久的半桶師（筆者按：

即技藝尚未達精熟程度、還未完全「出師」的資深學徒），而
學徒約有八、九位[17]。

　　林良太的王船製造是以什麼時期的船型範本，讓造船師林良太能夠
「有模有樣」地呈現？針對這個問題，除了口訪林良太藝師之外，也到
過他入行造船技藝的第一位啟蒙老闆陳拐岸的造船廠原址進行了解。目
前造船廠原址已經矗立一座嶄新建築，經過打探當地里長、鄰居，前往
陳拐岸住家，跟他的妻子陳王翠玉（1932 年次，圖 2-8）談話間，才知
道陳家的造船事業因為 2014 年陳拐岸去世戛然而止，家族中沒有人接
續事業。要釐清林良太木殼船舶的學習脈絡與對未來王船製造的影響，
現在只能從這少許的資料中盡力去拼湊。筆者陪著林良太到安平探望造
船廠創辦人陳拐岸的妻子陳王翠玉，擔任航裕造船廠會計的她回想當時

▲ 圖 2-8　2017 年林良太拜訪陳拐岸之妻陳王翠玉／劉采妮攝

的情形表示：

> 那時的員工流動性很大，工作時間是上午 8 點到下午 5 點，但
> 通常不會準時下班，下班前一定要找到竹篦（重要小工具，可
> 代替鉛筆在木板上刻畫記號），如果找不到，最遲要在隔天早
> 上上班前一定要找到，否則會遭到「頂司」叱罵[18]。

航裕造船廠創辦人陳拐岸，曾經擔任安平西門國小家長會長
（1974-1977）、安平觀音亭主任委員[19]。陳王玉翠的記憶中，陳拐岸
曾經告訴她，在小時候就被送到日本人經營的須田造船所擔任學徒，學
習造船技術。1945 年日本戰敗，日本人都遣送回國，該造船廠後來由
臺灣人接手經營，改為「南臺造船廠」[20]。

事實上，須田造船所轉為南臺造船廠有兩個階段，第一階段是
1945 年日本戰敗回國後，1947 年由臺灣省行政長官公署農林處將 44
個日資會社全數接收，農林處組成臺灣農林股份有限公司，下轄水產、
畜產、鳳梨及茶葉四個分公司。臺灣水產公司專門負責接收水產漁業與
造船相關的日資公司，包括報國造船株式會社（基隆，造船修船）、臺
灣水產株式會社（臺北，漁業）、臺灣水產販賣株式會社（臺北，水產
市場）、須田造船株式會社（臺南，造船修船）、開洋興業株式會社（高
雄，漁業及造船修船）、葛原工業所（高雄，漁肝油製造）、高雄水產
加工株式會社（高雄，水產罐頭製造）、東港製冰株式會社（東港，製
冰）共八家公司。第二階段是 1956 年時臺灣水產公司轉售給南臺造船
廠，而成為民營造船廠，承接者為具有臺南紡織家族背景的吳金允。
吳金允後來也臺灣區造船工業同業公會第四屆（1976-1979）、第五屆
（1979-1982）理事長[21]。

「須田造船所」成立年代頗早，於 1914 年（大正 3 年）就已創設，主要是專營漁船製造，當時員工數有 24 人 [22]。陳王玉翠表示：

> 陳拐岸後來（戰後）沒有繼續留在原來的須田造船廠工作，回到安平灰窯尾社內，當時接到漁民訂單，就在空地上開始造船。民國 43 年，陳拐岸娶了來自當時臺南縣北門鄉的陳王翠玉，才在臺南市安平區安平路 33 巷 5 號，緊沿著安平運河邊，成立了航裕造船廠，那時的造船廠有兩百多坪，後來政府在運河與造船廠之間開路，造船廠範圍縮減成一百多坪的廠地。三年前（2014 年）造船廠因先生過世而停業，並將土地販售給建商，目前該處已經建造成一處豪宅，完全看不到以前造船廠的蛛絲馬跡了 [23]。

由於陳拐岸對於安平地區的漁業與造船業有相當程度的了解，因而 1993 年臺南市政府在臺南市松柏育樂中心所舉辦的「臺南市耆老口述歷史座談會」就邀請他參與談論安平的歷史，特別是安平地區的造船史。座談會中他一再強調「安平是（全臺）漁業與造船業發祥地」：

> 至於造船，約在六十年前（筆者按：1930 年左右）有位日人叫川田二次郎在教造船之前說：船是由中國傳過來；有位造船前輩到西歐去教造船，因言語溝通困難，只用鞋子教他們造船，船之形狀以鞋子作為式樣。當初安平漁業都是用竹筏費力地划，拖漁網、捕捉蝦子都是靠潮流行走，捕獲量都很少，生活很苦，……以後大夥發現機器漁船的好處，……超過竹筏的十多倍漁獲量，……全省約有四、五十年的光景都跟著安平船業在發展，安平可謂漁業與造船業發祥地 [24]。

　　陳拐岸在臺南市耆老口述歷史座談會中所提到的日本造船者「川田
二次郎」，應該就是「須田義次郎」。筆者推測，「川田」應是座談會
記錄時「須田」二字打字者繕打的誤植，而「二次郎」（にじろ）應是
座談會記錄時「義次郎」（ぎじろ）的誤寫，可能是因為日語的「義」
（ぎ）與「二」（に）兩者的臺語發音十分相近，因而被記錄者誤聽、
誤寫所致。至於名字何以是「義次郎」而非「二次郎」？筆者推斷，名
前（なまえ）「二次郎」之邏輯是不通的，因為「郎」的命名通常用於
男生排序，長子稱為「太郎」（たろう），次子叫做「次郎」（じろ），
而且「二」與「次」同義，「二郎」就是「次郎」，因此「二次」是重
複之疊字，「二次郎」似乎不符命名的邏輯。另外 1940 年（昭和 15 年）
太田肥洲《新臺灣を支配する人物と產業史》更直白記載：

　　須田義次郎，本籍山形縣米澤市天籠町（筆者按：實為「元籠町」
　　之誤植，《臺灣人士鑑》作「元籠町」），住址臺南市清水町，
　　明治 9 年 2 月 11 日生。經歷：臺南食鹽賣捌人指定、臺南州會
　　議員、合資會社須田造船所代表者、總督府民政部殖產局商工
　　課勤務、總督府民政部殖產局庶務課、總督府民政部殖產局水
　　產課、府技師、府水產課勤務、臺灣總督府州技師、臺南州勸
　　業課勤務、殖產局鹹水養殖試驗場長、臺灣水產試驗場長、從
　　五位、勳六等、彰化食鹽賣捌人指定[25]。

　　由此得知須田義次郎擔任過須田造船所代表者，也任職過臺灣總督
府民政部各課。日治時期須田造船所還開辦了夜間的三年制專科學校，
專門教授造船技術，吸引包括的許多造船廠員工子女入校就讀，讓他們
得以學習到許多造船相關的技術[26]。

　　陳拐岸後來沒有繼續留在原來的造船廠工作，回到安平灰窯尾社

內，當時接到漁民訂單，就在妙壽宮廟埕空地上開始造漁船。1954 年與陳王翠玉結婚後，陳拐岸在安平運河邊創辦航裕造船廠。1964 年美國藝術史學者梁莊愛論（Ellen Johnston Laing）與其先生梁瑞超（Richard Laing）來到安平，就在妙壽宮廟埕空地捕捉到造船鏡頭，似可推知戰後初期安平地區造船業仍然興盛一時（圖 2-9）。

對於梁瑞超所攝照片很有感的安平蚵灰窯文化館館長林錫田老師說，照片左起造船場、松臺仔（榕樹）、青色三角屋為頂安樂戲院（今名為封安戲院）、王船室（1980 年遷移至松臺仔頂）、虎嘯、妙壽宮、龍吟。尚未有電視機之前，廟埕是安平的夜市，牛肉麵、魚丸湯、剖甘

蔗、打拳賣膏藥熱鬧滾滾。造好的船隻落水時會進行丟擲紅龜粿習俗活動，在廟埕前運河邊，大小漢（大人小孩）搶成一團。

　　話題再回到「太師」，當時在陳拐岸身旁的造船員工中就以林良太年紀最小。陳拐岸的外甥莊德壽（陳拐岸大姐的兒子，偏名為阿和，1938 年次）從 1945 年起，就跟在陳拐岸身邊當起小小學徒，學習造船技術，所以林良太除了由陳拐岸直接指導外，還有安平人阿得哥（1927年次，已歿）、阿和（1938 年次）、林章（1939 年次），這些人都是造船廠的「師傅頭」，而林章更是後來教導並協助林良太畫出船身的支骨仔原型圖的前輩師傅。急公好義及熱心宗教事務的陳拐岸，在地方公

▼ 圖 2-9　1964 年妙壽宮廟埕造船情形，可見戰後安平造船業興盛一時
　　／梁瑞超攝（翻攝自梁莊愛論《六〇年代臺灣攝影圖像》，
　　（臺北市：藝術家出版社，2002），頁 207

共事務、學校教育都曾熱心捐款資助，善心義舉獲得贈匾表揚，目前都懸掛於家中客廳的兩面牆上，陳拐岸還鳩資興建安平地區四大公廟之一的「安平觀音亭」，並擔任該廟的主委有二十四年之久。造船事業也相當出色，除了打造當時需求量大的漁船之外，曾在二次戰後百業蕭條之際，建造了臺灣首批重量級遠洋漁船，並曾於 1955 年獲得蔣介石總統青睞，打造於日月潭上載客的古香古色的遊艇而名聲大噪。

第三節　師承糊紙師傅「老乞伯仔」的王船製作

林良太王船技術，來自木殼漁船的製作技術，而木殼漁船的製作技術則來自安平航裕造船廠老闆陳拐岸的教導。因此，其王船製作有漁船製作時接縫密合度須達不滲水的要求。然而「漁船」使用者是漁夫，王船使用者是神明（王爺），必須符合人民對「神舟」的想像。這樣的想像則來自一位是人稱「老乞伯仔」的鄰居徐典才老先生（1903-1984），由於「老乞伯仔」已過世許久，所以必須透過兒子徐江海（1938 年次）的口訪，才能了解林良太跟隨徐典才學習建造王船的一段機緣。

1971 年林良太入伍服役，於臺南隆田受訓，後來分配到臺南永康的二王裝甲部隊，緊接著馬上分派到高雄大崗山裝甲基地學開車三個月，並且拿到大卡車駕駛執照，第二年（1972 年）下基地到新竹湖口，至 1973 年 6 月服完二年兵役退伍。

林良太退伍後回到原職場航裕造船廠繼續任職，上工開始就由老闆直接聘任為師傅，給予一天 400 元的工資。林良太對此非常介意，至今他回想當時薪資師傅工資一天是 420 元，而他卻只領到 400 元，耿耿於懷地說，老闆還虧欠他 20 元，到上工的第三個月起，老闆就給付他與

一般造船師傅一樣的一天 420 元，以後的薪資，則是每個月幾十元的慢慢調薪。

林良太於 1975 年成家之後，除了繼續在造船廠擔任造船師傅，母親林侯操常常到鄰居老乞伯仔徐典才的家，遊說徐典才讓林良太跟隨著他學習做紙紮王船與木造王船，林良太由此開始兼差製作王船，二份的工作收入，全數交給妻子家用，與他的大哥們輪流照顧父母親，並由太太吳秋碧分配林良太的收入支出，婚後就由太太吳秋碧代他將零用錢轉交父母雙親。

1970 年代、1980 年這十年正好是臺灣王船由紙紮轉向木造的歷史轉捩點。在此之前，臺灣西濱沿海的「送瘟船」，仍然盛行原先紙糊竹編的「紙紮王船」。1973 年「十大建設」正式開展，至 1980 年代，期間雖然經歷兩次能源危機的衝擊，但臺灣已實質邁入經濟起飛時期的時代，成為與南韓、香港、新加坡並列的亞洲四小龍之一。東隆宮的王船也在這樣的社會背景與經濟情勢之下，於 1973 年癸丑科順勢將紙紮王船改為木構王船[27]。

老乞伯仔徐典才所經營糊紙店是茄萣當地最早的一家糊紙專業的禮儀社，他 13 歲時就入行，開始學習紙紮技藝，後來也接觸道壇演法與王府行儀，因此除了茄萣在地以外，外地鄉鎮的大廟、私壇、角頭廟之廟會王醮慶典，也因耳聞老乞伯仔的紙紮技藝一流，各種紙厝、神像、神明坐騎（六騎、八騎、十二騎）、王船等無不精通，並且熟稔廟宇醮典事務，因而經常委託老乞伯仔承製紙紮製品或盛邀其指導醮典事務、王府科儀等，例如 1961 年及 1977 年臺南縣歸仁鄉仁壽宮前後兩次王醮事務，均委託徐典才擔任案公指導相關王府行儀[28]。

1970 年代以前，臺灣王船大部分都還是以紙糊竹紮為主。由於紙紮王船是以竹編為骨架，以彩紙張貼為皮膚，色彩繽紛，因而紙紮王船又被稱為「彩船」。「彩船」一詞在清代臺灣文獻已見記載，（清）唐贊袞《臺陽見聞錄》載：

> 舟行至此，先以木板編竹為小船，帆用雜色彩紙，陳牲饌、香燭、金錢以祭。祭畢，將牲饌等物置小船中，放諸海以厭之。其小船瞬息前飄不見，則過此平安，謂之放彩船[29]。

所提到的放彩船，就是流放紙紮王船。直到 1975 年，高雄永安天文宮委託徐典才承製木造王船的工作，徐典才因此帶著林良太一起出門承作王船，也開啟林良太走進打造「神舟」的新世界。

林良太因為擁有安平航裕造船廠的木殼漁船技術與經驗，十分受到老乞伯仔重視，建造過程中也接受其紙紮王船豐富經驗的指導，兩人溝通良好，老乞伯仔一旦承攬到木造王船的案件，兩人就會互相配合來完成王船工作，林良太已經開始將木殼漁船的技藝轉換到製造王船的世界。

一、人生第一艘王船——1975 年永安天文宮

由於林良太已經有實際造船的多年養成技術，他的第一艘王船高雄縣永安鄉天文宮造王船（船身 75 尺），雖在摸索中完成，卻成為往後王爺信仰所需要的王船製作的第一人選，林良太完成了他人生中的第一艘王船，這艘王船的打造過程，也印記在林良太的腦中，成為往後各廟建造王船的依據及製作範本。

林良太跟著老乞伯仔的班底，一起建造高雄永安天文宮造王船的工

作同時，他還是航裕造船廠的造船師傅，於是跟船廠老闆陳拐岸請了兩個月的假，陳老闆說「王爺要的師傅，不敢不答應」，因此開啟了他為王爺造王船的生涯。

從林良太結婚那年開始（1975 年），慢慢透過母親開始與老乞伯仔接觸，只要是老乞伯仔及兒子海仔（徐江海，1938 年次）拿到工作，都會發落給林良太一起建造王船，從第一艘高雄永安天文宮的王船起，一直到 1983 年林良太才結束與老乞伯仔的王船製作合作事業。

跟著林良太一起來到高雄市茄萣區下茄萣老街老乞伯仔徐典才的家裡，目前一樣是經營殯葬禮儀的糊紙家庭事業，不一樣的是老乞伯仔已經過世了。在林良太出生那年 1951 年，老乞伯仔的兒子徐江海（海仔）已經 13 歲，也是國民學校畢業後就跟著父親一起學習糊紙技術。1975 年老乞伯仔接到高雄縣永安鄉天文宮的木造王船的工作，也因為老乞伯仔只有承製紙紮王船的經驗，所以透過林良太母親林侯操的遊說，讓有造船技術的林良太跟著老乞伯仔的班底，一起把天文宮的木造王船建造完成。

老乞伯仔徐典才一共有十個小孩，只有讓排行老三的徐江海學習糊紙，傳承家庭事業。徐江海回想說：

> 因為以前與林良太是鄰居，林良太的母親常到他家走動，閒談之際，要老乞伯仔帶著林良太學做王船，於是老乞伯仔在接到高雄永安天文宮的王船承造工作時，就帶著自己的班底與有造木船經驗的林良太一起工作[30]。

老乞伯仔有很多批的學徒，林良太之前的班底是：棋師（原澎湖人，後

來長期住在茄萣白砂崙，當時約 30、40 歲）、丁榜（下茄萣人）、澎湖人（住下茄萣，已經忘記名字了）、臭耳人仔（姓王的聾子，將軍青鯤身人，名叫王神助[31]）、天壽、天城（兄弟二人是臭耳人仔王神助的兒子，青鯤身人，天城本名王聰明，人稱天城師，兒子王文傑也是王船師）。早期茄萣王船多是紙紮為主，而老乞伯仔是當地紙紮師傅，當廟宇建醮需要造王船時，就一定會找老乞伯仔來承接工作，而後老乞伯仔再找棋師、臭耳人仔等來一起搭配。至於「棋師」是何許人，為何會被老乞伯仔找來搭配呢？依據蘇福男、蘇瑞展的調查說：

> 棋師是澎湖漁船師傅，在高雄旗後住過一段時間，才在白砂崙姓陳仔聖母宮住了二十多年。他剛到臺灣時做漁船，就金鑾宮顧問陳敏雄所知，當年一位唐山師傅傳授棋師打造王船的技術，才從漁船轉做王船。許多澎湖方面的王船都是棋師打造，他有一本寶典參考，裡面詳細記載王船船艙的長度尺寸，需搭配多寬的船堵比例，所以他建造的王船較接近中國大陸帆船的型體[32]。

一起建造高雄永安天文宮王船者則是另一批老乞伯仔的學徒，除了老乞伯仔兒子徐江海及丁榜、棋師、澎湖人是固定班底之外，還有林良太、郭土員（下茄萣人）[33]。徐江海與林良太一起回想當時的情景說：

> 那時對木造王船完全沒有概念的老乞伯仔，把他糊紙王船的概念告訴造船師傅的林良太，林良太憑著他的造船技術，一點就通，但是當時的機具沒有現在那麼先進，所有的木料都是利用鋸子、鉋刀、斧頭等工具，以手工加工，完成所需的版型，這艘長 75 尺的特大王船，每片木料都是他們裁切成差不多尺寸，再以人工搬上搬下、來來回回好多次，才相互接合打造完成。林良太在當時是團隊中最年輕，其餘成員年齡平均都近 60 歲，

因此他都必須花費更大力氣搬動木料 [34]。

　　高雄永安天文宮這艘王船，雖非擅長紙紮王船的「老乞伯仔」人生中所承製的第一艘木造王船，卻是林良太從木殼船舶人生中轉換跑道所打造的第一艘神船，而且是 75 尺的特大王船。對林良太來說這是他職涯的初體驗，然而在老乞伯仔的指導下，他對建造王船烙下深刻的記憶。當時與他一起建造這艘王船的老乞伯仔還有其他的師兄們，吃住都在天文宮臨時搭建「王船廠」（壓克力板工寮），工期長達三、四個月。王船團隊吃住在工寮內，而林良太則是通勤，每天早上趕到「王船廠」上工。有一天早上上工前，被天文宮委員攔下，詢問是否晚間在工寮內休息的時候，談話中有一些猥褻的內容，因為神明降在手轝轎指示，禁止在造王船期間，出現不雅言論。林良太因為通勤不住在工寮內，所以請徐江海就責問是誰晚上睡覺前閒聊亂扯，這個事件的發生，讓林良太感受神明的威力。至今他在造王船期間，都以此為禁忌，並告誡成員謹守份際。

　　徐江海表示，早期家裡接到造王船的工作後，會跟著父親老乞伯仔到主人家（包括廟方、私壇或是雇主）的場地造王船，最早的王船是用竹子紮成船的形狀，再以粗紙打版粘上，隨著防風雨需求，因此彩繪顏料後來改成油漆，後來經濟漸漸好轉，從竹造王船升級為木片造王船，現在更升級為目前常見的實木打造王船，最早期跟著老乞伯仔做王船只有 4 公尺長，現在王船越造越大，主要是看主人家的需求，還有造王船的預算，價錢高材料比較好。

二、當紙紮王船遇上木殼漁船

除了王爺廟造王船之外，徐江海與林良太同時表示，在南臺灣西濱沿海，有很多靠海維生的討海人所設立的私壇，也有造王船的需求。根據徐江海指出，下茄萣陳朝壇主所經營的私壇，供奉池府千歲，第一艘一丈餘的王船（先定板子，然後糊紙、彩繪）就是由老乞伯仔建造的，糊紙王船內部陳設固定後殿尾樓或稱媽祖婆樓（天上聖母殿）及王府（代天巡狩的王爺）、有六、七個虎尾臺、灶、水櫃等，其餘碗筷、廚房用具、臥室用品、衛浴用品，都是採買實品。

林良太表示，有別於私壇所造的紙紮王船，他在高雄永安天文宮所建造的王船完成後，也會受雇於茄萣附近的漁家所經營的私壇，或是幾家捕魚人家，漁民扶興達港三清宮[35]主公（主祀神明武王千歲）、漁民扶茄萣金鑾宮主公（主祀神明天上聖母）、茄萣人也扶東石先天宮主公（主祀神明五年千歲），在海岸邊所搭建的魚寮中供奉主公，搭寮的漁民出海如果漁獲豐收，就會建造王船答謝神恩。

搭配紙紮王船達人老乞伯仔的概念指導，造船師傅林良太人生第一艘木造王船就是獻給了高雄永安天文宮。之後徐典才、徐江海父子只要承接到木造王船的工作，就會帶著林良太一起完成，雙方的合作一直到1983 年才告結束。

1. 臺南市南區有「灣裡杜，白砂崙蘇，鯤身陳，喜樹仔蔡」之諺語，分別是指這四個聚落最主要的姓氏分別是杜、蘇、陳、蔡。其中只有白砂崙聚落位於高雄市茄萣區，與臺南市南區僅有一溪之隔，因生活圈與灣裡、鯤身、喜樹仔同屬於臺南市南區，因此臺南市南區之諺語才會涵蓋到白砂崙聚落。根據湖內太爺蘇氏族譜記載，明永曆年間開臺祖蘇伍與諸兄弟東渡來臺，蘇伍定居湖內招佃開墾成為業主，此即太爺庄。今湖內太爺庄、茄萣白砂崙、路竹大社三處均以蘇為主要姓氏，據傳是屬同一脈之開臺祖。

2. 蘇福男〈王船鬼才 叫我西部師〉，《自由時報》，2016 年 2 月 10 日。

3. 2017 年 4 月 8 日上午 10 時，在嘉義縣東石先天宮（主祀李府千歲）王船廠，訪談林良太有關其童年回憶。

4. 根據林良太所提供戶籍謄本資料，特此致謝。

5. 林朝成、鄭水萍主修《安平區志（下冊）》（臺南市：安平區公所，1998），頁 684-686。

6. 李其霖〈清代臺灣軍工戰船廠的興建〉，《淡江史學》14 期（2003），頁 198-199。

7. 陳柏志〈臺灣鹽業文化景觀之研究——以七股鹽場為例〉（桃園：中原大學文化資產研究所碩士論文，2008），頁 113。

8. 2017 年 9 月 16 日訪談陳金龍。另見臺南市政府《變更臺南市安平港歷史風貌園區特定區計畫（細部計畫）第一次通盤檢討案計畫書》，頁 3-36，2012。

9. 福建漳州府海登縣鎮海旗尾石井下女祖陳林寅氏第二代，帶兩個兒子來臺，目前第 15 代。

10. 2019 年 7 月 27 日筆者於「港興造船廠」訪談陳金龍。

11. 2017 年 9 月 16 日筆者於「港興造船廠」訪談陳金龍。

12. 2019 年 7 月 27 日筆者於「港興造船廠」訪談陳金龍。

13. 2017 年 9 月 16 日筆者於「港興造船廠」訪談陳金龍。

14. 開創者許佛送為澎湖人（1899-1997）。1931 年（昭和 6 年）進入日本人所開設的須田造船所工作。1952 年在民生路運河旁開設「海盛造船廠」。1974 年，木殼船建造為主的經營，逐漸轉型為 FRP（玻璃纖維強化塑膠質）材質漁船。1990 年遷至仁平路（今安億路）之小型造船區內，2004 年第三代舵手離世後歇業。（以上請參許芳渝、陳信安〈臺南運河八十：逐海映盛——一個海盛造船的家族故事〉，《王成氣度》2006 年 12 月號。）現今已轉手改為「巍傑」造船有限公司。

15. 林朝成、鄭水萍主修《安平區志（下冊）》，頁 680-681。

16. 王信智〈日治時代安平港口機能變遷〉（臺東：國立臺東大學社會科教學碩士論文，2006），頁 25。

17. 2017 年 7 月 8 日訪談林良太。

18. 2017 年 8 月 10 日訪談陳王翠玉女士。

19. 闞正宗《臺灣佛寺導遊（九）臺南地區》（臺北市：菩提長青出版社，1997），頁 83；林朝成、鄭水萍主修《安平區志（上冊）》（臺南市：安平區公所，1998），頁 235。

20. 「南臺造船廠」今已改稱「南臺造船股份有限公司」，址在臺南市安平區仁平路 141 號，核准設立日期是 1958 年 6 月 18 日。

21. 臺灣區造船工業同業公會理事長一任三年，從 1967 年第一屆開始，至今（2019 年）共產生 18 屆理事長，而中信造船公司董事長韓碧祥就當任過七屆理事長。在一個同業公會裡能夠擔任七屆理事長，堪稱空前。
第一屆（1967 年 8 月 1 日 -1970 年 5 月 27 日）華南船公司董事：楊英。
第二屆（1970 年 5 月 27 日 -1972 年 9 月 23 日）中一造船公司董事長：陳其祥。
第三屆（1972 年 9 月 23 日 -1976 年 4 月 21 日）中一造船公司董事長：陳其祥。
第四屆（1976 年 4 月 21 日 -1979 年 6 月 16 日）南臺造船公司董事：吳金允。
第五屆（1979 年 6 月 16 日 -1982 年 10 月 7 日）南臺造船公司董事：吳金允。

第六屆（1982 年 10 月 7 日 -1985 年 11 月 8 日）東隆造船公司董事長：張有生。
第七屆（1985 年 11 月 8 日 -1988 年 11 月 25 日）協同造船公司總經理：洪錦榮。
第八屆（1988 年 11 月 25 日 -1991 年 11 月 26 日）協同造船公司總經理：洪錦榮。
第九屆（1991 年 11 月 26 日 -1994 年 11 月 17 日）中信造船公司董事長：韓碧祥。
第十屆（1994 年 11 月 17 日 -1997 年 11 月 14 日）共進造船公司董事長：黃邦國。
第十一屆（1997 年 11 月 14 日 -2000 年 11 月 22 日）中信造船公司董事長：韓碧祥。
第十二屆（2000 年 11 月 22 日 -2003 年 11 月 26 日）中信造船公司董事長：韓碧祥。
第十三屆（2003 年 11 月 26 日 -2006 年 11 月 29 日）慶富造船公司董事長：陳慶男。
第十四屆（2006 年 11 月 29 日 -2009 年 11 月 25 日）中信造船公司董事長：韓碧祥。
第十五屆（2009 年 11 月 25 日 -2012 年 11 月 28 日）中信造船公司董事長：韓碧祥。
第十六屆（2012 年 11 月 28 日 -2015 年 11 月 24 日）臺灣國際造船公司董事長：賴杉桂。
第十七屆（2015 年 11 月 28 日 -2018 年 11 月 24 日）中信造船公司董事長：韓碧祥。
第十八屆（2018 年 11 月 28 日 -）中信造船公司董事長：韓碧祥。

22. 楊蓮福、陳謙主編《民眾經典：民間私藏民國時期暨戰後臺灣資料彙編【產業篇】》（臺北市：博楊文化，2012），頁 110。另據洪紹洋《近代臺灣造船業的技術移轉與學習》（臺北市：財團法人曹永和文教基金會，2011，頁 233-236）一書則有不同，成立年代為 1937 年（昭和 12 年）。

23. 2017 年 8 月 10 日訪談陳王翠玉。

24. 臺南市政府《「（八十二年度）臺南市耆老口述歷史座談會」》（未出版，1993），頁 161-162。

25. 太田肥洲《新臺灣を支配する人物と產業史》（臺北市：臺灣評論社，1940），頁 436。

26. 許瑜芳、陳信安〈臺南運河八十：逐海盛映——一個臺南海盛造船的家族故事〉，《王城氣度》10 期，2006 年 12 月。

27. 戴文鋒《重修屏東縣志・民間信仰》，〈第四章：迎來送往——迎王盛典及其民俗意涵〉（屏東：屏東縣政府，2014），頁 94。

28. 黃文皇《歸仁仁壽宮王醮祭典暨遶境》（臺南：臺南市政府文化局，2017），頁 47。

29. （清）唐贊袞《臺陽見聞錄》（臺北市：臺銀經濟研究室〔以下簡稱臺銀〕，1958），頁 114。

30. 2016 年 6 月 8 日訪談徐江海先生。

31. 徐江海回憶中只記得姓王，名字已經忘記了，審查委員黃文博指出應該名叫王神助，本文再度訪查後確認是王神助。

32. 蘇福男、蘇瑞展《造王船的男人——蘇春發的工藝與工班》（高雄市：高雄市立歷史博物館，2016），頁 31。

33. 2016 年 6 月 8 日訪談徐江海先生。

34. 2016 年 6 月 26 日訪談徐江海先生。

35. 位於興達港進出港口的三清宮，建於清朝末年，主祀武王千歲，由於漁民信眾經常滿載而歸，為了答謝武王眾兄弟的庇佑，信眾多次修建宮廟，1969 年奉旨命名為「三清宮」，並於 2002 年重建現貌。2010 年三清宮表示，由於距離上次建醮已有二十年之久，去年廟方接獲武王千歲指示，開始籌備建醮事宜並打造王船。由於小廟財力有限，只能花費上百萬元打造縮小版王船，武王眾神並不介意，歡喜笑納信眾的心意。屆時將在廟旁沙灘燒王船舉行送王儀式（蘇福男〈興達港三清宮　打造迷你王船〉，《自由時報》，2010 年 4 月 3 日）。

第三章

林良太的
造船工序與
技藝特色

　　自宋、元兩朝蓬勃的航海事業開展之後，「中式帆船」一直到清朝初年都是東亞到南亞水域的常見船型，在英文中被稱作「junk」，通常泛指有蝠翼狀或長方形縱帆，並有平圓底或尖底的中國式船舶[1]。

　　陳金龍說明一直到光復後，在近海的漁船都是木殼漁船，也是當時安平地區造船業普遍所建造的漁船種類，隨著經濟起飛，大約 1980年後，木造漁船漸漸消逝，所有造船廠，改為 FRP（Fiber-reinforced plastic，塑鋼，又稱纖維強化塑膠，或稱玻璃纖維［fiberglass］）材質，如今只有剩下王爺信仰的王船與端午節的龍舟，還可以看到實木造船的蹤跡。陳金龍觀察臺南地區各地王船樣式，在每艘王船的設備中多有一些神話或是神聖空間，譬如王船上有王府（王爺廳）、媽祖樓（媽祖廳、聖母廳）、風帆（別於一般功能性，王船風帆以美感為重），並認為都是以安南區土城聖母廟及安平妙壽宮的兩艘王船作為範本模型，亦即源於學習過程對於中國古帆船建造的概念。

　　上述的說法，應該是有一定的正確性或是可信度的，即 FRP 材質興盛後，木殼漁船開始沒落，而木殼船舶的技法反而是在 1980 年代以後逐漸被「王船」製造技術保留下來，這是因為這時的紙紮王船逐漸被木造王船所取代。但王船造船師是否真的如陳金龍所說的「有一定的範本」？或者是會以某宮廟的小型「廟祀王船」為參考對象？當然，這的確有其可能性，尤其是全然以造木殼漁船為基底的造船師，當他要施作王船時，由於過去並沒有王船施作經驗，沒有範本的話，實難以得知王船上之王府（又稱官廳或王爺廳）、媽祖樓（又稱媽祖廳）、亞班（水手）、「王船十三艙」要如何施作與配置。所以陳金龍說自己開始接到建造王船訂單時，就會到妙壽宮王船室請教他所稱的「不會講話的老師」，就是以妙壽宮的這艘「廟祀王船」為參考對象。然而，林良太

是從 13 歲就以造木殼漁船為基底學習造船技術，25 歲時加入紙紮王船
經驗豐富的老乞伯仔徐典才的王船團隊，逐漸熟知紙紮王船的構造與王
府、媽祖樓、亞班（水手）、「王船十三艙」諸項施作過程與配置方式，
因此他不需要以任何一艘「永祀王船」作為參考對象或是範本，就能直
接施作，甚至養成了日後施作王船時不必打底圖的習慣，而是讓王船直
接航行於自己「腦海」中的施作方式。

就筆者訪查得知，大多數王船師傅均認為王船上的「亞班」其實就
是所謂的「水手」或是「舵手」。亞班雖是船員，然而亞班在船上的主
要職務為「操帆」。亞班亦寫作「阿班」，其職明載於明清時期文獻中，
所謂「船中最要，莫如夥長、舵工、阿班等役。[2]」又云：

> 船梢有三：夥長司鍼者、舵工司舵者、阿班司篷繚鐅櫓及執諸
> 事者。司鍼密室在舵前，其室穴一孔，與舵相對；鍼左則舵左、
> 鍼右則舵右，舵工聽命於夥長焉。去時向東北，鍼用單卯、甲
> 卯、乙卯；回時向西南，鍼用單酉、庚酉、辛酉。吾輩急在擇人；
> 夥長得人，鍼隨所用可也。舵工用舵亦然。舵工名數倍於夥長
> 者，以把舵勞而主鍼逸也。人必足數，乃可行[3]。

黃叔璥《臺海使槎錄》更是明載：

> 有占風望向者，緣篷桅繩而上，登眺盤旋，了無怖畏；名曰亞
> 班[4]。

〈渡海歌〉云：

> 大嶝門內山蠶叢，大嶝門外海空濛。馮夷無驚濤不怒，扶桑初

掛日瞳瞳。上香酹酒拜媽祖，割牲焚楮開艤艫。桅竿百尺亞班
上，布為巾頂箬為篷[5]。

林焜熿《金門志》載：

> 船中輯眾者，曰管駕弁目（商船即主出海）；主操舟者，曰舵
> 工；司爨，曰炊丁（商船即用總舖）；上桅理帆繩、司瞭望，
> 曰亞班（亦曰斗手）；修整船器，曰押工；分司舵繚、板碇者，
> 曰頭目；佐事者，通曰水手；專任攻擊，曰戰兵；能出沒水中，
> 曰水兵[6]。

在船上擔任亞班之職者必須身手矯健，因為常要「登桅遙望」，且
要膽識過人，沒有懼高症，不畏狂風巨浪。1741 年（乾隆 6 年）出任
巡臺御史的張湄有詩云：「亞班攬篷索，上下等懸猱；巨浪拍天起，比
似桅檣高。[7]」王必昌《重修臺灣縣志》對於「亞班」之要職有如下描述：

> 廈船過黑水溝良久，令亞班（舟中占風望向者二人，名曰亞班）
> 登桅遙望，必見澎湖西嶼、花嶼、貓嶼，乃可前進。尚計程應
> 至而諸嶼不見，便失所向，須亟收回，恐漂越臺之南北而東，
> 則邈不知其所之[8]。

可見「阿班」並不是「司舵」的舵工或舵手，也不是「炊丁」（廚
師）、「押工」（修船師傅）或水手、戰兵、水兵，而是「上桅理帆繩、
司瞭望」或「司篷繚鼇櫓」、登上「桅竿百尺」者。而所謂「司篷繚」，
就是操控主導「篷繚」的水手（船員），當順風順水時，阿班必須在篷
繚所在的船舷下風（順風）處，靠其日積月累的經驗來操作調整船篷，
以藉風力航行。因此，廣義而言，「阿班」與夥長、舵工都同屬於船上

的「水手」（船員）。

第一節　王船工序──以西港慶安宮為例

當然，記錄林良太在各宮廟建造王船的工法與工序流程應該只是保存王船無形文化資產的一個初步開始，如何讓林良太一生中所建構的神域王船的無形文化資產得以保留並傳承，才是事後要思考與面對的文化資產課題。

林良太在王船建造領域裡，如何從眾多王船匠師中打造出屬於自己的王船王國，形塑出自己的特色？這可從林良太的王船工序與王船技藝特色這兩個層面來探討。

工序，簡單而言就是匠師或技師的施工程序，由於造船是高難度的技術，所以每位造船是的每一個工序都在自己的腦海裡不斷重複著。

一、揣艦（tshuē-tshiàm）

「揣艦」為尋找適合的船艦，以供做為船的龍骨，是造王船的第一項工作。以西港慶安宮為例，有幾項要點，一必須選擇活樹之樹幹，二須為神明所栽種，三該枝幹不能被鋸斷或斷肢，象徵有頭有尾。透過廟方執事人員與造船師傅於香境聚落中，尋找合適的樹木枝幹，選定數枝後，逐一編號，進行造冊，送回廟中，待擇日進行跋栱（擲筊，栱音同「杯」）「定艦」[9]。

二、定艦（tīng-tshiàm）

　　「定艦」為在所擇好的日子（通常為香科前一年千歲爺誕辰）進
行跋桮，請示神祇來定奪，在三輪跋桮後最多者獲選。選定之後，香
科會會長會同董事、執事人員等，至獲選神榕之聚落公廟，稟報當境
神明，神榕膺選千歲爺之用，再向獲選榕樹結綵（kat-tshái），以示
光榮獲選 [10]。

▲圖 3-1　2012 年林良太為西港慶安宮進行取艦／黃文博攝

三、取艍→護艍回廠

　　艍是一艘王船的靈魂，人體的脊椎，是位於王船底部的骨架主幹，稱為龍骨（keel）。林良太說，糊紙師傅老乞伯仔曾經強調那支龍骨的三分之一處就是王船的中心點。那支龍骨畫出來，肚子邊的支骨構造就是跟人的肋骨一模一樣。甲骨第一支，也是我們肋骨的第一支，第一支的形體比較直，繼續下來第二支較彎一點，第三支又更彎，來到肚子這裡就更彎，所以王船肚子的形體就是和我們人體的構造差不多相似[11]。因為航行於大海之中的船隻被視為一隻海中游龍，所以游龍的主脊就被稱為龍骨，船頭兩側就會繪製或裝置

▲圖 3-2
2018 年西港王醮取艍／呂韻如攝

龍目。夏子陽《使琉球錄》：「舵在船後之樞，艫居其底，為船之主。凡兩艍交榛，龍艍、龍骨、通樑參錯鈴束，皆附艫以起。……凡造船，必先定艫。[12]」「艫」（音同「穩」）就是「艍」，俗稱龍骨，是指船底中央縱向貫串龍頭（船頭）鳳尾（船尾）的一根中軸木材。龍骨大小當然影響王船船型大小，王船船型大小必須視龍骨大小強度能承受全船重量為範圍。

　　每家宮廟取艍的方式不一樣，尤其是臺南西港慶安宮「西港香」王船取艍的步驟相當繁複慎重（圖 3-1）。每艘由林良太建造的西港王船，取艍工作都會由林良太披著「取艍官林良太」的布條站立樹上，親自並指揮助理雙人持電鋸來執行，無論是在廟境內尋取樹材（該樹材綁有八仙綵），或是到木材行（廠）選購（綁上紅彩帶），林良太一定會親自

在場。如果龍骨是用選購方式
（安定蘇厝長興宮是直接到木
材行取艚），一般是接到訂單
於開工前半個月前先赴木材行
（廠）選材買料，如果是取艚
則是配合廟方擇取吉日與廟方
人員一起尋艚。至於樹材的大
小取決船艚的長度。

　　龍骨取下之後，即刻以大
紅布將艚包覆住，由前來取艚
的神明、神轎與陣頭人員以「艚
車」護送回「王船廠」中安放，
待擇一吉日良辰為寶艚進行「開
斧」儀式與「造艚」儀式。

▲ 圖 3-3
林良太以鐵鎚、鑿刀打造王船龍骨的
傳統工法與工序／劉采妮攝

四、開斧→造艚

　　選定吉日良時由林良太持斧頭在艚頭兩側各敲擊三下、艚尾兩側各
敲擊三下，共 12 下。有時更講究的會由案公配合開斧儀式，口中唸著
吉祥話語。隨後即刻燃放鞭炮，以紅綵包覆並繫住艚身，完成開斧儀式。
完成開斧儀式之後必須等木材乾燥，才能動工造艚。

　　造艚地點有兩處：一是直接在「王船廠」或「造船廠」，以斧頭
修成神明指示的尺寸，例如西港慶安宮、佳里金唐殿就是採取此種模
式；二是直接在木材行（廠）進行，將艚裁切成神明指示的尺寸，安
定蘇厝長興宮就是採取此種模式。木材行（廠）模式由於木材是現成

且乾燥的，所以「取艍官」選取（取艍）後可不必等待數天乾燥期即可進行「造艍」。所謂「造艍」就是把整支原為樹幹的王船寶艍，以大型電鋸來進行鋸修，修成王船龍骨「凹」字型的形狀。

「造艍」方式林良太通常是以傳統工法，先以尺與墨斗在樹幹上勾勒出王船龍骨形狀與大小後，以鋸子配合鑿刀（圖 3-3），將樹幹修整成王船龍骨形狀（圖 3-4），最後再進行補土後，以砂光機將不平處刨光磨平，並將王船龍骨漆上紅漆與披上紅綵，完成「造艍」儀式[13]。

林良太十分注重龍骨，王船的骨架支撐起來必須合理穩定，他說任何建築物、人體、漁船、王船都一樣，都必須靠骨架支撐起整體形貌。所以骨架就像人體脊柱肋骨和四肢，不僅要合理穩定，還要足夠粗壯，

▼ 圖 3-4
林良太以鐵鎚、鑿刀將整根樹幹打造修整
成王船龍骨形狀的傳統工法／劉采妮攝

那麼造出來的王船才不會像一隻「軟腳蝦」。

五、請艍（寶艍開光點眼）→合艍

當艍車將寶艍運往西港南海埔王船地，就會由廟方聘請道士團設香案進行開光科儀，此一為王船寶艍開光的儀式就稱為「請艍」。儀式最後擲三個聖桮，確定廠官爺、總管公降駕之後，船艍請上艍車遊境內五角頭，所有陣頭隨行慶祝請艍圓滿，林良太披上彩帶隨行全程參與。緊接著合艍儀式是在王船廠進行，先是各執事及五主會參拜廠官爺及總管公，再到王船廠內祭拜寶艍。

林良太所做的王船寶艍是一體成型的，兩邊翹起，在寶艍前後以鐵鎚與鑿子各鑿開一個約 8 公分大的正方小洞，此洞稱為「壽孔」。接著讓「五主會」或執事人員將 50 元的錢幣放進孔洞內，藉寶艍神力以為投幣者添財添壽，最後由造船師林良太以木塊榫（音同「損」）接封住洞口，稱為「合艍」（安定蘇厝長興宮的船艍，是以榫卯銜接樹材，成雙邊彎曲翹起的合艍作業）。合艍儀式完成之後，即可動工造船。

六、備料

廚師下廚之前的備料往往是最麻煩的，切片、切丁（切塊）、切絲、去骨、去皮、清洗、浸泡，耗費了大半時間，但卻讓後續的料理過程更有效率。造王船的備料與做料理一樣，也是需要備料，王船師會將王船各個部位所需的材料，選擇材質、大小、乾燥程度不同的木材，先行處理成適用的大小與形狀，以讓王船打造的過程更有效率。

當合艍完成後，林良太就進駐王船廠或造船廠，準備開工。通常在

開工前三天，林良太會到嘉義固定的木材行進行初步裁製（粗略輪廓）香蕉彎曲形態的造船需要的板材，此即「支骨仔」（肋骨，frame）的板材，以作為龍骨旁的支撐。

30 尺長的王船通常需要 8 支、40 尺需要 14 支、46 尺需要 18 支（2017 年歸仁保西代天府大人廟即用 18 支），完全端看照船隻大小而估算支骨仔數量的多寡。順便看其他所需的造船木料。隨後林良太會將造船所用的各種最基本的工具，如電鋸、圓鋸、線鋸、電刨刀、鑿刀、刨刀、鐵鎚、電鑽等等，也會一併運送到王船廠。

七、曬料→製作附件

林良太訂製的木料，於三天後會送達王船廠或造船廠，林良太與造船班底翁冬福（下茄苳人，與林良太是鄰居，1954 年次）、林文柱（灣裡人，1963 年次）共三人正式開工。送到王船廠的木料，林良太會讓跟隨的一、兩位小工（打造王船的半技工，也就是還不能完全獨當一面的木工）放在太陽底下曝曬，曬料時間不一定，得看天氣。經驗精熟的他，只要經手掂一掂重量、經眼目視一下（看木屑的狀態）就會知道木料目前乾燥的程度（含水量多寡），並判斷出要曝曬多久時間。當然，也不能曝曬太久，因為太過於乾燥的話會讓木材失去韌性，當木材保有些許水分反而較具伸縮性，較能適應船身所需的弧度與曲線。

曬料結束，小工會跟在林良太身旁聽候差遣，並先行協助團隊中的翁冬福、林文柱兩位資深師傅製作附件。附件包括有附屬小船的刨木、五階樓梯、欄杆兩列（準備置於王船後半部）、桅座三座、桅夾六片、涵壇（保護桅夾等）。

八、畫支骨仔（拍範仔，phah-pān-á）

在曬乾的木材上直接畫出船身的「支骨仔」的形狀，稱為「畫支骨仔」或是「打版仔」（拍範仔，phah-pān-á）。

林良太造王船歷程，最早期由老乞伯仔徐典才指導及搭配徐江海（1938 年次）的工作團隊或是蘇春發的團隊，半摸索的方式建造王船，當時王船建造還沒有發展出畫肋骨的模板。後來是與合作的搭擋一起研究船體造形，至 1998 年起則是由當時在航裕造船廠的工頭班長林章，協助打樣畫出肋骨的模版。每當要建造王船的支骨仔，就把模版放在木材上描繪，再依描繪的線條裁切。林章在空地上指導林良太畫出船身的支骨仔原型圖 —— 林良太說當時是在三合板上打版完稿，然後在三合板上做出模型，船大厚度大，厚度完全由造船師自己決定。

支骨仔寬度約 3 寸，越靠近前鏡彎度越小，從中間到後鏡弧度變化較小。漁船跟王船的「支骨仔」都和人、豬的排列體型一樣，前小、中大、後再縮小一點。由於支骨仔是成雙成對的，所以雖然有前小、中大、後小之分，但都是偶數。弧形支骨仔裁切完成後，依照弧度大小編號。

九、支骨仔銜接龍骨

不論漁船或王船，船形之構成都是由中軸線龍骨左右兩側各輻射出一系列的支骨仔，以作為支持所有船殼與甲板等，如同人體係由脊椎與肋骨支撐而構成。

船頭接船艉，需要六對至七對「支骨仔」，中間最肥大的支骨仔先定位，所有支骨仔一支一支依序安裝。安裝好後，開始按照弧度排順，外船板、甲板、前鏡、後鏡，裁切肋骨，現場裁切，接著插入事先已

經鑿好榫洞的龍骨，再以角材釘接王船肋骨，使船體由船身兩側向上延伸，以作為船舷骨架，完成整艘王船的船身與船型架構。

十、艙底板與隔艙板釘製

　　王船的船身與船型架構完成後，隨即進行艙底板、隔艙板釘製打造工作。先是以木板釘實艙底板，其次再緊密併接釘製前營、後營隔艙板，接著再繼續在靠近船腹之處找到兩對支骨仔再釘製隔艙板。因此每一艘王船至少會釘製四塊隔艙板，以強化船體結構的強度與提升其安全性。而過去一般木殼船舶的船體內部也會以密實接合的隔艙板將船隻分成密不透氣的若干艙室，以緊密連結船縱材與船殼板。主要是預防遇到某個艙區碰到礁石而破損進水，船隻仍然不會沉沒，因為破損如果不是很嚴重，船隻仍具有一定的漂浮力和穩定性。「水密隔艙」的木工技術，是所有學習傳統木造船必備的打造方式。

十一、身側板、甲板、舷護板之打造

　　隔艙板釘製完成後，進行身側板釘製，在船身兩側依序由龍骨向上延伸的方向（由下往上）緊密釘上木板。前鏡、後鏡兩者先同時完成後，開始進行「接船板」修順，然後林良太與翁冬福、林文柱三位師傅緊接進行甲板、舷護板之打造。先以角材釘接王船肋骨（高度約在甲板處）使其向上延伸，作為船弦骨架，並以板材釘接於船弦骨架上，再修鋸成舷狀，並於左、右兩側各預留一個「水仙門」，以為「登船」或「上岸」之出入口。

　　黃叔璥《臺海使槎錄》載：「每船載杉板船一隻，以便登岸。出入悉於舟側，名水仙門。[14]」可見水仙門位於舟側，作為「登岸」之口。凡水仙門必左右各一處，「左右設閘，曰水仙門，人所由處；左曰路屏，

右曰帆屏（泊船即架帆於此）。[15]」接著進行船頭板與船尾板的裝釘，在釘船頭板時，船頭下方龍骨吃水處，造船師特別將其釘成圓弧波浪型，讓王船在海中破浪行駛時，能既快又穩[16]。

十二、進行船體各部分木作

先做好船舨（四片）留兩個水仙門（上下船的入口，左右船肚上各一）、前鏡（船的前方，明鑑照妖）上船舨的獅頭、後鏡（船的後方，明鑑照妖）船舨，包肋骨的內船舨、甲板上三個艙口艙蓋、王府（王爺廳）地基（前鏡算來第二個及第三個艙口中間，用檜木板子做成地基）、船尾媽祖樓地基（尾叉樑、金光槌）。

接著裝置前桅桅座、二甲板、前鏡的內船舨、後肚收尾做船舵、方向舵、媽祖樓下方的廁所。安裝三桅（前、中、後）、水仙門、船頭帆繩車（絞車）、王府、媽祖樓、小船（嘉義先天宮船舨上有搖櫓，小船二艘），船碇（音同「定」）（三門五齒）、五寶（二刀、二斧、另七星劍或鯊魚劍）、二張案桌（媽祖樓、王府各一）、王府小樓梯（二座）、二甲板小樓梯、龍目、船帆（米色）三帆上下架桿、撐帆支架都以竹子做、船頭將二尊、水手（阿班、舵手）36 尊（紙糊）、儀仗（排班）。

儀仗，林良太稱為「排班」，而臺灣民間也稱「排班喝路」，即寺廟之儀仗書有「肅靜」、「迴避」之出巡物。如同宮廟一樣，王船兩側有各式各類「儀仗」，儀仗為帝制時期帝王、官員出巡地方的一種威權與排場[17]，而船上神駕儀仗設置之目的主要是為了表現代天巡狩王爺的威儀與陣容[18]。儀仗器物依照各地王船承造者之不同，有船頭涼傘、上書刻風調雨順、國泰民安、代天巡狩、迴避、肅靜等字樣的「執事牌」與瓜杖、槌杖（以上鎚打型）、大刀杖、斧鉞（音同「月」）杖（以上

長刃型）、劍杖、鎗杖、戟杖、叉杖（以上扎刺型）、拳杖、指杖、掌杖（以上手形）等「兵杖」器物，另有水手 36 尊，船尾後方插上五枝三角形五方五色旗（青、赤、黃、白、黑），材質則為越南檜木楠木、柳安木、樟木等，王船之雕刻、彩繪與裝飾並不因為要燒化而有所馬虎[19]。

十三、王船十三艙之配置

　　王船內部艙房，臺南地區大致以十三艙為主（圖 3-5），東港地區多為十艙，為王船重要設施，依其用途或是存放用品不同而有不同名稱。雖然臺南各地王船十三艙的名稍有不同，但基本用途不外乎王爺等神明辦公、船員生活、住宿所需之基本空間與物資。王船十三艙名稱分別為：官廳艙（王爺辦公處）、阿班艙（舵手休憩住處）、東貓莉艙（莉，音同「籬」，衙役休憩住處並為軍工用具、繚索、雜物存放處）、西貓莉艙（衙役休憩住處並為軍工用具、繚索、雜物存放處）、舵公艙（船長室）、聖人龕（音同「刊」）、東西官廳艙、船尾媽祖廳（樓）、頭錠艙（糧食物資倉庫）、竈廚（竈，音同「灶」）、總鋪艙（總鋪師住處）、中艙公費艙（糧食物資倉庫）、頭二艙（糧食物資倉庫）。其中，王爺廳（王府）、媽祖廳（樓）二廳在甲板上，其餘十一艙在甲板下。

　　經過上述工序，王船木工打造宣告完工一段落。緊接著是彩繪師及其團隊的工作。先是為船體進行補土與打底工作，然後於紙上描圖，將吉祥圖案透印於船體。最後是以漆線勾繪圖案線條、完成彩繪上色。

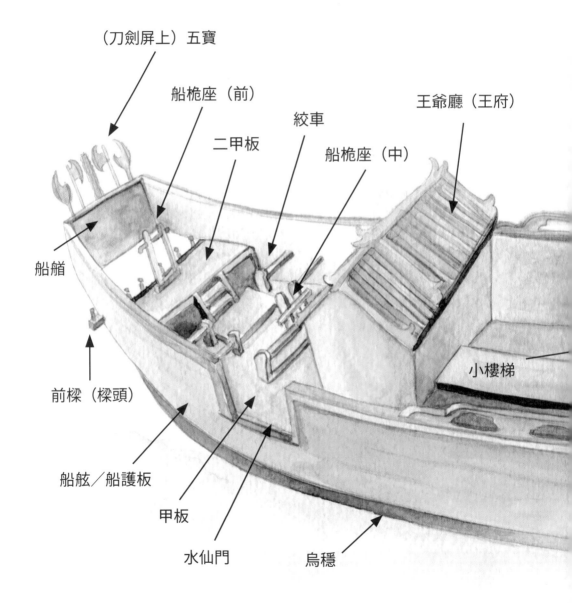

（刀劍屏上）五寶

船桅座（前）

二甲板

絞車

船桅座（中）

王爺廳（王府）

船艏

前樑（樑頭）

小樓梯

船舷／船護板

甲板

水仙門

烏穩

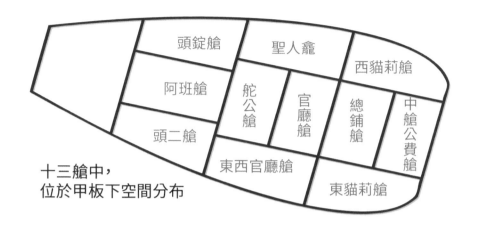

頭錠艙		聖人龕			
阿班艙	舵公艙		官廳艙	總鋪艙	中艙公費艙
頭二艙					

西貓莉艙

東西官廳艙

東貓莉艙

十三艙中，
位於甲板下空間分布

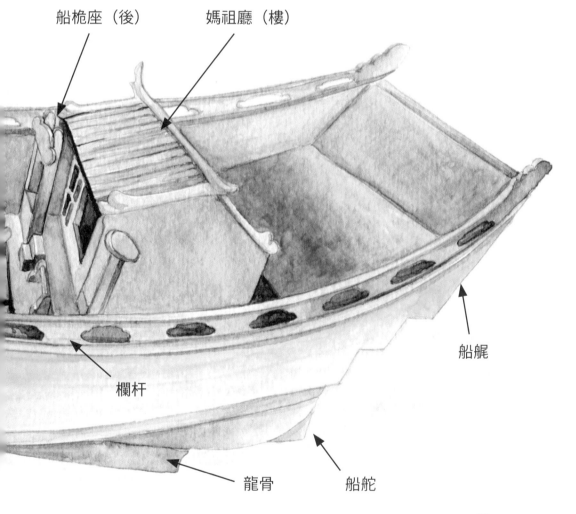

船桅座（後）　　媽祖廳（樓）

欄杆

船舷

龍骨　　　　　船舵

第二節　王船技藝特色

自己沒有正式拜師學
藝就會造王船，累積
四十多年造王船功夫
都存放在腦子裡，沒
有模子、也沒有草稿，
全是按照神明訂出數
字的尺寸去做。王船
的建造也要跟上科
技，現在為西港慶安
宮打造的王船，在船
頭吃水下方，就出現
改良型的圓弧型阻水
器，波浪型的造形，
讓船在海中行駛既快
又穩。這是他建造王
船以來的第一艘，而
且還是在睡覺時，由
神明指示得來的靈感[20]。

▲ 圖 3-6
林良太畫圖說明王船十三艙位置，圖為甲板下示
意圖，各艙位置請參閱前頁／劉采妮攝

　　針對臺南記者李文生、盧萍珊的採訪，林良太如此表示。本節透過林良太的口述訪查，了解林良太從漁船入門、經過紙紮王船學習摸索、最後成為木造王船技師，融會木造漁船、紙紮王船、木造王船「三船」技藝於一體的藝匠養成過程。

一、以「肋骨」弧度變化船型

林良太說明漁船及王船外型不同取決於「肋骨」的弧度，漁船是直角、王船是弧形香蕉彎曲。比較蘇春福的王船造形較相近於漁船船體，而林良太的王船是香蕉型。林良太造船技法上習慣以「肋骨」的弧度，來決定王船香蕉彎曲的弧度，而由王船弧形香蕉彎曲的弧度，來變化王船的外觀與造形。因此，以肋骨弧度來變化船型正是良太師自己獨特的技法。

林良太說他自己承造西港慶安宮、蘇厝真護宮、柳營代天府的王船造形都非常近似，只是船身大小不同，常見尺寸有 30 尺、42 尺、55 尺等三種。但即使尺寸完全相同的王船，也可以透過船肋骨弧度的改變來創造出船體大小相同、船型外觀不同的王船，這完全取決於造船師腦海裡的「圖樣」。

了解林良太在航裕造船廠學習、操作過的木殼漁船造船的紮實根基與技術，配合老乞伯仔徐典才紙紮王船概念的指導，加上每家宮廟或私壇不同船型、不同尺寸的需求，擁有建造漁船實務技術的林良太，自從 1975 年與老乞伯仔班底們一起建造出第一艘高雄天文宮 75 尺的超大型王船以來，都是按照神明指示（廟方要求）之船艙尺寸，逐漸領悟從船底、肋骨弧度展開出變化不同的船體與船型，其中能夠變化的是船腹、船身的大小，至於船體內部構造則是大同小異、變化不大。既沒有參考對象也沒有王船範本的林良太，在老乞伯仔紙紮王船世界上加以發揮想像，高頻率訂單承接，終於磨練出爐火純青、自成一格的王船技藝！

二、既遵承傳統又勇於突破

筆者觀察林良太對於王船打造有著非常執著的態度，不輕易妥協與

改變，此即整體王船的基本結構與配備之安置，包括船艙、支骨仔、船堵枋（船肚枋，船體的外圍木材包覆的架構）、虎牙（意寓「衙門」）、前鏡、後鏡、水仙門（上下船入口，左右船肚上各一）、船舶枋（船舶外殼枋）、烏穩（船體靠岸第一先碰到的部分）、龍目、尾叉（棲）樑（突出船體繫甲板纜繩）、王爺廳、媽祖樓、獅頭、鷹尾、船艙、浴廁、廚房、水箱、前桅、中桅、後桅、桅座、船錠、鯉魚座（風向座，裝置在王船中桅的頂端）、五寶（在前鏡的上方）、欄杆、五營旗（位於媽祖樓後方，王船上軍政制度的配備）、風帆、龍骨、肋骨、外板、甲板、船艙設計等。此一執著於專業的態度就受到西港慶安宮總務組長謝武昌的肯定。

1954 年次的謝武昌原是佳里人，於 1990 年搬到西港任教職，參加教育部委託辦理全國網頁建置比賽，投入西港刈（音同「億」，一般念作「掛」）香的資料搜集，1998 年、1999 年以「發現西港」為主題參賽，獲得全國第二名。2004 年教職退休，在電腦專業中走進文史領域，他蒐集相當多的西港慶安宮文史精華。定居西港後他就開始長期關注林良太在西港慶安宮每一科王船建造的過程，2012 年更是全程參與林良太造王船的記錄工作。2013 年 4 月受聘擔任西港慶安宮總務組長職務之後，更加注意林良太每個造王船的細節。

根據謝武昌長期來的觀察，林良太對於西港慶安宮王船外型、及內部各種設施、配備，一直以來都是傳承以往固定模式，在造船過程中不會任意更動或改變。但是，林良太在某些王船的承作技法卻是勇於創新、追求突破，經常思考如何改良現狀讓王船更臻完美。例如 2015 年乙未科，林良太在慶安宮造王船期間，表示受到王爺指示，要增加「走水」（水切、水切刀）設施，說這樣可以減少海水阻力，航行速度比較快速。因此在乙未科以後，雖然其他宮廟沒有要求，但他所承製的王船

也大部分會增加「走水」水刀的設施 [21]。對於林良太裝置「圓弧型阻水器」出現在王船船頭之後，引起媒體注意與報導說：

> 林良太說，燒王船很快，但要學會造王船的真功夫就不是那麼簡單，要有一點天才和不怕苦的精神。造王船也要跟上科技的進步和改良，西港慶安宮的王船在船頭就出現改良後的圓弧型阻水器，讓船行駛既快又穩。林良太得意的說，這是王船船頭改良的第一艘，而且還是在睡覺時由神明指示得來的靈感 [22]。

擔任新吉保安宮總幹事二十年的林福生（1951 年次，臺南安定人），至少觀察林良太承製王船有四科，這四艘王船的打造林良太都不敢隨便更動，完全承襲原有的工序與作法。但 2015 年乙未科，他跟以往不同，有小部分改變，主要是增加了「水刀」構造，因為想要減少興波阻力，船艏（音同「首」）一定要有水刀來切開水面，因此也多花了兩天時間，做水刀時都是躺著做 [23]。可見雖然如此會更花時間，工序也會更加麻煩，但是為了讓神明乘駛的王船航行速度能夠更快，他願意花時間來改良與追求突破。

三、受到日本造船技術之影響

林良太自 13 歲開始進入安平「航裕造船廠」學習木殼漁船，航裕造船廠的老闆陳拐岸，就是日治時期安平地區 14 位造船技師中唯一一位進入日系造船系統「須田造船所」的臺灣人，安平地區其他 13 位造船師傅都是屬於傳統臺船系統。

日系造船系統之材料、結構、工具都不同於臺船。臺船以福杉為主，日船以日杉為主，如吉野杉等。船身結構上，臺船為平首，日船為尖首。

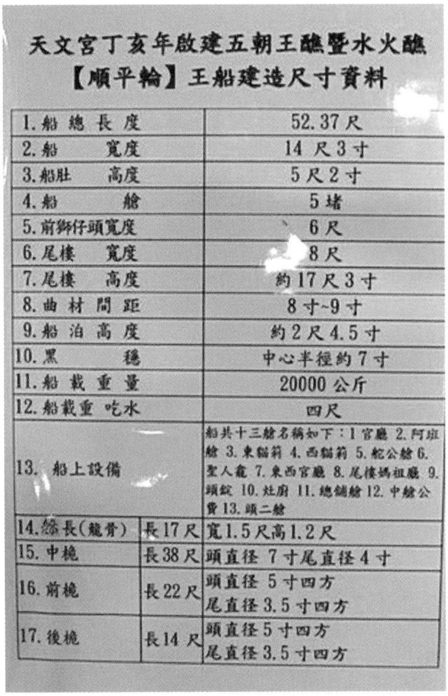

天文宮丁亥年啟建五朝王醮暨水火醮【順平輪】王船建造尺寸資料	
1.船總長度	52.37尺
2.船寬度	14尺3寸
3.船肚高度	5尺2寸
4.船艙	5堵
5.前獅仔頭寬度	6尺
6.尾樓寬度	8尺
7.尾樓高度	約17尺3寸
8.曲材間距	8寸~9寸
9.船泊高度	約2尺4.5寸
10.黑穗	中心半徑約7寸
11.船載重量	20000公斤
12.船載重吃水	四尺
13.船上設備	船共十三艁名稱如下：1.宮艤 2.阿拱艤 3.東貓莉 4.西貓莉 5.舵公艤 6.聖人盒 7.東西貓艤 8.尾樓媽祖艤 9.頭鈚 10.炊房 11.總舖艙 12.中艙公費 13.頭二艁
14.總長(龍骨)	長17尺 寬1.5尺 高1.2尺
15.中桅	長38尺 頭直徑7寸尾直徑4寸
16.前桅	長22尺 頭直徑5寸四方 尾直徑3.5寸四方
17.後桅	長14尺 頭直徑5寸四方 尾直徑3.5寸四方

▲圖3-7
林良太認為王船至少須具備17項基本資料
／劉采妮攝

比例上，臺船長寬比為三比一，較為寬敞，吃風帆，太窄船會翻覆；日船為五比一，較為狹長，吃水深，速度快，船首到船尾為流線形[24]。雖然，林良太承造王船之比例，已經不是日船五比一如此狹長，但也不是臺船三比一如此寬敞，反而是較為接近於日船與臺船之間四比一，似乎有著「混血」的血統。例如茄萣新庄仔新興宮庚辰年七朝王醮，林良太所承造的王船長約60尺，寬約15尺，大約四比一。不過，其工法或技術是否有受到日船系統的影響或是工法技術的殘遺，恐怕得再花費更多的時間從事不同王船匠師之間工法與技術的比較，與日船系統與臺船系統雙方的船型、構造關係才能進一步釐清。

四、建造前至少17項王船基本資料要齊備

一般廟方會根據此科所要造王船長度、寬度、高度、船艙數量等簡單需求告訴林良太，林良太據此而將王船至少17項基本資料要齊備，

就能預知將來王船完成後的船型與樣貌。這 17 項資料是：王船長度、寬度、高度、船艙數量、前獅仔頭寬度、尾樓寬度、尾樓高度、曲材間距、船舶高度、烏穩位置與寬度、船載重量、船隻吃水深度、船上設備、龍骨長寬高、前桅長度與頭尾直徑、中桅長度與頭尾直徑、後桅長度與頭尾直徑（圖 3-7）。

從 1975 年起就從木殼漁船轉向王船承作的林良太，技法熟練，進度飛快，最大的能耐是無須任何參考對象或是範本，不必打底圖就能直接施作，只要委託者給予船長、船寬、船高尺寸，他心裡對於龍骨尺寸、尾樓寬度、尾樓高度、曲材間距、船舶高度、烏穩位置與寬度就會有一個「譜」，這正是他經年累月不斷磨練出的夯實經驗。

雖然王船最終要遊天河，燒化送上天際，但對傳統所學的木殼漁船技術與要求下，他至今仍堅持以木殼漁船密合度極高不滲水的做法來承作王船，因此林良太的神舟當然可以直接下海，他得意地保證說。

1. 陳政宏〈中式帆船技術的西傳〉，《科學發展》415 期，2007，頁 56。

2. （明）夏子陽《使琉球錄》，收錄於《使琉球錄三種》（臺北市：臺銀，1970），頁 201。

3. （明）夏子陽《使琉球錄》，頁 274。

4. （清）黃叔璥《臺海使槎錄》（臺北市：臺銀，1957），卷一〈赤崁筆談〉，頁 17。

5. 連橫《臺灣詩乘》（臺北市：臺銀，1960），頁 78。

6. （清）林焜熿《金門志》（臺北市：臺銀，1960），卷五〈兵防志〉頁 78。

7. （清）王必昌《重修臺灣縣志》（臺北市：臺銀，1960），卷二〈山水志〉，頁 56-57。

8. （清）王必昌《重修臺灣縣志》，卷二〈山水志〉，頁 56-57。

9. 黃文博《西港刈香》（臺南：臺南市政府文化局，2014），頁 69；施良達總編輯《良藝太師——西港刈香王船木造技術專書》（臺南：西港玉勅慶安宮，2017），頁 16-17。

10. 黃文博《西港刈香》，頁 69；施良達總編輯《良藝太師——西港刈香王船木造技術專書》，頁 18-19。

11. 2018 年 6 月 10 日訪問林良太。

12. （明）夏子陽《使琉球錄》，收錄於《使琉球錄三種》，頁 235-236。

13. 吳明勳〈打造神舟：西港刈香的王船製作〉，《臺南文獻》10 期，2016，頁 34。

14. （清）黃叔璥《臺海使槎錄》，卷一〈赤崁筆談〉，頁 17。

15. （清）林焜熿《金門志》，卷五〈兵防志〉頁 95。

16. 吳明勳〈打造神舟：西港刈香的王船製作〉，《臺南文獻》10 期，2016，頁 38。

17. （清）蔡振豐《苑裏志》（臺北市：臺銀，1959），下卷〈典禮志〉，頁 57 載：「詔書至，文武至城外恭接齎送官，先叩聖安。具龍亭，置詔書於其上，綵輿、儀仗、鼓樂前導；迎至公所。」（清）高拱乾《臺灣府志》（臺北市：臺銀，1960），卷七〈風土志〉，頁 190 載：「立春前一日，有司迎春，儀仗、彩棚、優伶前導。」可見儀仗、綵輿、鼓樂都是帝制時期帝王、官員出巡地方的一種威權與排場。又儀仗器物是指寺廟內各類杖、牌、扇、燈、旗、傘六大類器物。在臺灣許多地方其稱乎並不相同，有「黑白牌」、「排班喝路」、「進士牌」（其實為民間對「執事牌」的音訛）、「執事牌」、「鑾駕」、「旗牌」（稱持儀仗器物者為「旗牌官」）、「大牌」、「長腳牌」、「長短腳牌」、「兵寶鎮」、「牌仔」、「令牌」、「頭牌」、「陣牌」、「傢司」等民間俗稱（參蘇峯楠〈臺南地區寺廟儀仗器物之研究〉〔臺南：國立臺南大學臺灣文化研究所碩士論文，2007〕，頁 18、頁 92-112）。

18. 邱美仁〈屏東東港東隆宮王船造船藝術研究〉（臺南：國立成功大學藝術研究所碩士論文，2005），頁 71。

19. 戴文鋒《重修屏東縣志·民間信仰》（屏東：屏東縣政府，2014），頁 98。

20. 李文生〈造王船傳承危機 臺灣造王船技藝 10 年內恐消失〉，《NOWnews 今日新聞》，2015 年 1 月 6 日；盧萍珊〈西港慶安宮造王船 文化全記錄〉，《中華日報新聞網》，2015 年 1 月 10 日。

21. 2017 年 10 月 2 日於西港慶安宮訪問謝武昌總務組長。

22. 楊金城〈造王船功夫 老師傅憂無人船承〉，《自由時報》，2015 年 1 月 7 日。

23. 2017 年 10 月 2 日訪問新吉保安宮幹事林福生。

24. 林朝成、鄭水萍主修《安平區志（下冊）》（臺南市：安平區公所，1998），頁 912-913。

第四章

班底團隊與
承製王船之
地域分布

對於一生近半世紀投入建造王船的林良太而言,歷經超過二百艘王船建造的技藝歷練,其建造王船的技法已臻成熟,精湛技藝無庸置疑。據筆者了解,林良太的王船建造除了需要配合各宮廟客製化的需求外,也講求速度,其速度之快堪稱無人能出其右。依黃文博的觀察,他說以今日機械化造船方式,一艘一般漁船大小的王船,大致兩個月工作天可完成[1]。依照黃文皇於 2015 年在歸仁仁壽宮乙未科五朝王醮大典的觀察與紀錄,從船身主體的打造,如船體架構如船艙、船身、船頭、船尾與甲板,再到王船尾舵、絞車、船桅座、虎牙以及船上神龕官廳等之安裝,一直到細部如船桅、船帆、龍目、錨錠、水仙門、救生小艇(俗稱「闊頭船仔」,為逃生或接渡上岸時之需用)等之製作裝置,前後大約只需一個月時間,一般長 45.3 尺、寬 12 尺、高 14.1 尺的王船即可完成[2]。而主祀李、池、朱府三位千歲(又稱三老爺)的歸仁代天府大人廟,2017 年丁酉科五朝建成祈安王船醮典,他甚至只花半個月的時間就將一般 46 尺長、12.5 尺寬、14 尺高的大型王船打造完成[3]。

有著熟練的技法、造船不必打圖稿的林良太,之所以能如此快速地完成所託的任務,除了預先準備工作已經作足之外,還須仰賴木工班底的長期合作與良好默契之養成。

第一節 「船隊」——王船木作班底與彩繪團隊

木構王船的建造,是相當專業的工作,可將其工作分為船身打造、內艙雕飾和彩繪油漆三大部分,各有專職。一般而言,王船師主要是負責船體打造,內艙雕飾或另委木工承作或自己承作,至於油漆彩繪則不屬於木工承作,為另外一項專業,通常是由專業王船彩繪師來承作。彩

繪師大多數是由承作王船的王船師去找來配合，但有時廟方會將一艘王船分開成木作與彩繪兩部分，分別找木造王船師與彩繪王船師來承攬負責。就林良太師承製的王船而言，他較少承接彩繪工作，但是會介紹彩繪師或過去經常配合的彩繪團隊，彩繪價格由廟方與彩繪師直接議價。一艘王船當然亦有從船體打造、內艙雕飾、船帆製作、旗幟裝置到油漆彩繪，整艘王船的完成皆由一人獨力完成者，而這樣的王船藝師數量非常稀少，能獨力完成王船的匠師，全臺灣大概只剩澎湖的二、三位而已。而出身於「王船世家」的王旭輝更是箇中翹楚，從祖父、父親到自己，三代相傳，是全臺少數能兼擅紙紮王船與木造王船的王船藝師。

林良太長達四十年以上（1975 年至今）的造王船生涯，其工作團隊可分為木作班底及彩繪團隊兩隊人馬。

一、木作班底

林良太擅長木作造船，從 1975 年打造高雄永安天文宮第一艘王船開始，到 1983 年以前都是與下茄苳糊紙老師傅老乞伯仔徐典才及其團隊合作；1983 年這一年，林良太接受鄰居江海與澎湖師仔（本名許佛耽）邀去搭著三、四十噸的漁船在近海捕魚，第一趟出海五夜六天，他說面對大海風浪非常害怕，後來每趟都是三夜四天，一個月最多出海五趟，每趟大約有一至三萬元的收入，沒有出海的期間也跟著茄苳王船師傅蘇春發的團隊從事王船木作，直到 1985 年的這兩年間，林良太大多是純領工資。1985 年林良太從獲得西港慶安宮王船的承作之後，開始有了自己的班底與學徒，來來去去的王船學徒雖然不少，但多數只是短暫跟隨數年，成員都是來自茄苳、灣裡與安平。長期隨著林良太「逐王船而居」的木工班底，前後主要共有三位。

▲圖4-1 木工班底翁冬福以大斧打造船桅／劉采妮攝

　　第一位叫做「海仔」，年紀長林良太六歲，約1946年次，大家不知道其全名，已歿，白砂崙人，姓蘇，1985年林良太開始承作西港慶安宮王船起，就成為林良太最資深的木作班底，約有十年之久。林良太表示，家住在茄萣白砂崙的海仔，1985年起開始跟著自己學習打造王船，後來因喝酒過量而死亡。海仔的意外離去，對感情豐富的林良太而言造成很大的打擊，從訪談之間可以感受溫敦木訥、不善言辭的林良太，對於最早成為其木作班底的海仔突然離世，有著深沉的傷感與無奈的懷情。

　　第二位是翁冬福（圖4-1），下茄萣人，1954年次，僅小林良太三歲，與林良太是鄰居。翁冬福原本是在美國做裝潢工作，回臺之後經由大姐翁領鳳介紹，於1998年跟著林良太一起打造王船，成為林良太目前最固定也最資深的班底，約有二十餘年的木作王船資歷。

　　第三位是林文柱，臺南灣裡人，1963年次。透過林良太王船彩繪

▲ 圖 4-2　木工班底，右一翁冬福、中吳春慶、左一曾上南、左二林良太／劉采妮攝

團隊的領頭人曹天助（詳見後文，彩繪師，2019 年通過臺南市政府列冊為「王船彩繪」文化資產保存技術保存者）牽線，林文柱進入了林良太的木工班底。由於曹天助長期配合著林良太的王船進行彩繪工程，想到自己的妻舅（曹天助妻子的弟弟）林文柱是做木工底的，於是就介紹林文柱到林良太的木工班底工作。曹天助另一位妻舅林文財（林文柱之弟）則與曹天助學習從事彩繪工作。

　　林文柱約與翁冬福同一時期進入林良太團隊，從 1999 年與林良太打造永安天文宮 72 尺長的超大型（超過 60 尺長者，筆者定義為超大型）王船開始，至今 2019 年止已有二十年之久。由於翁冬福與林文柱兩人都有木工裝潢底子，所以對於木船打造很快就上手了，兩人一起加入林良太王船的木工班底，三人默契很好，速度很快，成為「太師」王船組合最佳三人組（圖 4-2）。

　　2017 年有兩位新加入的成員，都頗具天賦，一位是曾上南，善化

▲▲ 圖 4-3
王船彩繪名氣響亮而被稱為「王船發
仔」的曹天助.(右三)／曹天助提供

▲ 圖 4-4
1993 年洪文雄頒給「曹阿發」的感謝
狀／曹天助提供

茄萣人，1960 年次。曾上南過去曾在越南長時間任職，回臺後定居永康，2017 年起跟隨林良太學習王船建造技術，雖然過去並沒有木工底子，但學習能力極強，在林良太眼中是一位肯吃苦實幹卻又領悟力甚高的人。跟隨林良太建造了仁德大甲萬龍宮、歸仁大人廟、柳營代天院、安定蘇厝真護宮、西港慶安宮、後勁天母宮之王船。

另一位是吳春慶，西港人，1974 年次，原任職臺南科學園區科技業，是謝武昌老師（現任慶安宮總務組長）西港國中教過的學生，後來自行開設「榪柞木活」木工工作室。由於從小在西港香科文化薰陶下，吳春慶對於製作王船頗感興趣，乃找謝老師說要學做王船，因謝武昌的牽線，2017 年起也跟隨林良太學習王船建造技術而成為太師班底。吳春慶在學習製造王船過程中，頗有科技造船之想法。跟隨林良太建造了仁德大甲萬龍宮、西港慶安宮、後勁天母宮之王船。

二、彩繪團隊

（一）曹天助彩繪團隊

搭配林良太王船製作的彩繪團隊，以曹天助最為著名。年紀與「太師」相近、1952

年 1 月 1 日出生於臺南灣裡的曹天助，偏名「阿發」。由於曹天助王船彩繪工夫一流，外界與林良太就稱他「王船發仔」（圖 4-3）；而林良太王船打造數量全臺無人能及，因此外界與曹天助就稱他為「王船太仔」。1993 年內政部民政司委託、東海大學建築系教授洪文雄主持「臺閩地區傳統工匠第一期之調查研究」也是登錄為「曹阿發」（圖 4-4）。

2013 年起因從小耳濡目染的兒子曹家輝（1988 年次），退伍後自願參與承接彩繪工作，讓曹天助累積的豐富經驗與彩繪功夫得以有家族傳承。2017 年歸仁保西代天府王醮的王船，依舊是委請林良太承造、曹天助專責彩繪，而曹家輝就已經出現在王船彩繪團隊裡。現今父子二人在曹天助 1980 年創設的「昌達彩畫社」原有基礎下，共同於臺南市南區永成路開設一家「昌達寺廟彩繪社」，透過彩筆，持續為宗教民俗彩繪藝術之傳承盡一分心力。

曹天助師承來源，根據學者徐明福、蕭瓊瑞《雲山麗水──府城傳統畫師潘麗水作品之研究》一書「府城民間傳統畫師源流表」之說法是：曹天助與曹仙文（曹天助之弟）、劉家正（1955 年次，曾竹根之姪，2016 年文化部重要傳統工藝「傳統建築彩繪」保存者）、蕭來旺（1955 年次）這四人皆是師承臺南府城知名彩繪師傅丁網（臺南府城人，字「雲鵬」，1912-1972）之次子丁清石（1940-2004，2001 年第九屆全球中華文化藝術薪傳獎工藝類得主）[4]。然而筆者多次訪談曹天助，他始終堅決的說法是：

> 大約 15 歲時（1968 年）我跟隨丁網學習，1971 年左右出師，我是直接師承臺南府城知名彩繪師傅丁網，而不是丁清石，丁清石是我的同門師兄弟，他是大師兄。丁網有五個兒子，長子教書，次子清石，清山（阿文）行三，清川行五，這三人都有

承襲彩繪工作。我的師弟還有曹仙文、劉家正[5]。

關於丁網之師承來源，依據美術學者蕭瓊瑞之研究，丁網於 1927 年拜府城畫師潘春源（1891-1972）為師，並由春源司為其取字「雲鵬」[6]。「潘春源系統，長子潘麗水在 1934 年已能獨當一面，另有曾竹根、丁網等人，先後從學，春源司分別為他們取號雲山、雲林與雲鵬。[7]」而潘春源之弟子輩之字確實均有「雲」字，例如除從小受父親潘春源薰陶的潘麗水（1914-1995）字「雲山」、曾竹根（臺南府城人，1910-1983，劉家正之姨丈）字「雲林」之外，丁網也字「雲鵬」，所以丁網是潘春源弟子之說法似乎亦非完全空穴來風。不過近年來的研究卻有新發現與不同說法，2016 年文化部重要傳統工藝「傳統建築彩繪」保存者劉家正（1955 年次，曾竹根之姪）長子劉映廷〈當代藝師劉家正先生門神作品之研究〉之碩士論文，就提出：「經劉家正藝師於 2011 年 12 月，向師兄弟們（丁網之子清山、清川及潘岳雄）再三求證，丁網師承不詳，確定丁網並非潘春源之徒弟，只是他跟潘麗水很熟，是非常好的朋友，對潘春源則亦師亦友般的相待，因此潘春源才會為他取字『雲鵬』。[8]」其指導教授林保堯（1947 年次）亦指出：「從丁網之子丁清山、丁清川等人的記憶中，知道其父親的老師是一位老藝師，非潘春源，再者，潘麗水之子潘岳雄（1943－）也證實丁網非阿公潘春源徒弟。丁網後來成立『雲鵬工藝社』，專心從事寺廟彩繪工作，專門作『彩』的部分。[9]」

丁網不管是否師承自潘春源，丁網與潘春源家族關係密切、互動往來良好，應無疑義，而丁網與子丁清石、丁清山、丁清川等人全部都是府城重要的傳統彩繪藝師，亦是府城廟宇傳統彩繪史上不可或缺的一頁，亦是事實。對於丁網在傳統寺廟彩繪上的重要性，臺灣美術史學者

蕭瓊瑞有如下描述：

> 潘麗水是春源系統最主要的繼承者，曾竹根後來以膠彩畫創作，
> 成為戰後「全省美展」中的知名畫家；丁網則較偏重彩繪系統，
> 包攬廟宇的油漆工程，傳至其子丁清石、清山、清川，及族人
> 丁介斌等人，成為府城最主要的彩繪師父系統，其中丁清石，
> 則亦參與畫師工作 [10]。

曹天助是直接師承臺南府城知名彩繪師傅丁網。丁網弟子中次子丁清石尤具繪畫天賦，承接父親衣缽，以寺廟彩繪為職，卓然有成，自成一格。1997 年，全國寺廟彩繪工作者聯合成立「臺灣寺廟彩繪藝術畫會」，丁清石連膺第一、第二屆理事長。經過臺南市立藝術中心推荐，以高雄縣茄萣鄉九星壇的一幅「盤古開天」作品，榮獲 2001 年第九屆全球中華文化藝術薪傳獎工藝類獎。

曹天助 15 歲時與弟弟曹仙文（太平，1955 年次，古蹟修復彩繪專門，也曾與阿發師合作。2011 年經過彰化縣政府文化局公開評選而獲邀請，與和美畫師陳穎派以傳統「拚場對作」的方式彩繪彰化古蹟元清觀，展現彩繪功力與藝術手法，為修復保存重要的宗教文化資產貢獻一份心力 [11]）一起跟著丁網學習傳統彩繪，與丁清石同時在丁網的團隊中工作。曹天助隨著師父丁網、大師兄丁清石兩位著名的彩繪大師學習三年四個月出師之後，仍持續待在丁網那裡工作二年，與師父丁網一樣，包攬廟宇的彩繪油漆工程，依照師傅的專長發包工程中的安金、化（暈）色、堵頭彩繪等工作，很多知名的彩繪師傅，都曾經承接過曹天助的工作。

1979 年，曹天助北上淡水承接關渡宮彩繪工作，並與大師兄丁清

▲ 圖 4-5
1988 年喜樹朝天宮致贈曹天助「彩筆生輝」匾額／楊家祈攝

石、師弟劉家正三人合夥成立「華山彩繪社」[12]，所承包工程較著名有：臺南天后宮、路竹華山殿、喜樹朝天宮，前後共事約有一、兩年。曹天助說，當時三人因承接路竹竹滬華山殿之重修彩繪工作，因而將三人所組彩繪社命名為華山彩繪社[13]。至 1980 年曹天助自行成立「昌達彩繪社」。

　　擅長寺廟牆堵彩繪、門神彩繪與壁畫的曹天助，於 1988 年開始跟著林良太前往喜樹朝天宮承作第一艘王船彩繪的工程，當年喜樹朝天宮管理委員會還特別致贈「彩筆生輝」的匾額給昌達彩畫社的創立人曹天助（圖 4-5），其中船身、人物彩繪，就是邀請潘春源系統第三代接班人潘岳雄承作。除了王船彩繪之外，曹天助也承接寺廟彩繪工程，他說只做王船彩繪會餓死！ 1968 年從師丁網學習彩繪，於 1971 年左右學成出師，至今包括學習的時間，已經至少有五十年以上時間投入傳統彩繪工作的曹天助，一生彩繪工作以寺廟門神、壁堵彩繪為主，其次是王船彩繪，而王船彩繪至少也有三十年以上（1988 年起）資歷。木造王船船

身需要彩繪，在許多人的印象中似乎是理所當然，但曹天助說木造王船船身並不是一開始就以彩繪工作為主，過去的木造王船都是在船身外皮張貼色紙，因為怕下雨淋濕，就逐漸改成彩繪。王船上面彩繪的圖樣基本上都是固定的，每一區塊畫什麼圖樣都是差不多，大同小異[14]。

曹天助人生中彩繪的第一艘王船是在自己的故鄉灣裡萬年殿，他回憶說時間是民國 60 幾年。而灣裡萬年殿是每 12 年舉辦一次王醮大典，從現在推算距離現今最近的一次王醮是 2008 年，因此應是民國 61 年的王醮。但曹天助說，當時不是新造王船完成後的彩繪，而是將灣裡萬年殿王船加以整修與彩繪，所以只記得是民國 60 幾年。

2017 年嘉義縣東石鄉先天宮的王船由林良太打造完成後，由曹天助進行後續的彩繪工作。其彩繪功力一向受到媒體關注與報導：

> 先天宮的王船經請示神明命名為「東泰利」號，長度超過五丈（約十七公尺）、高約十八尺（約五·四公尺），並請外號「王船發」、有五十多年王船製作經驗的彩繪匠師曹天助，和師承國寶彩繪師潘麗水的廟宇彩繪名家蔡龍進一同彩繪船體龍鳳、十二生肖及八仙，形體生動色彩鮮豔，其中媽祖、王爺廳內壁畫，以往僅黏彩繪紙，這次全採手繪[15]。

林良太精巧的木造王船完成後之後，有了神奇彩妝師曹天助以華麗色彩妝飾，一艘艘原本看似平淡無奇的王船才能以雍容典雅、亮麗動人的姿色呈現世人眼前。王船彩繪師對於王船之加分作用與重要性，就如同化妝師對「人臉」一樣，出色的化妝師可以讓人在化妝前後的差異呈現明顯對比，如同整型般的令人驚奇。曹天助的王船彩繪功力，特別是讓他在王船彩繪界有「王船發仔」的響亮稱號。《中華日報》記者林偉

民對於王船彩繪已有五十年資歷的曹天助有如下報導：

> 從事門神和王船彩繪五十年的曹天助，一生的工作幾乎和彩繪
> 畫上等號，多年來畫過不少王船，對王船彩繪累積不少經驗，
> 一艘大型王船約二十天可以彩繪完成，他認為要讓王船呈現特
> 有的威嚴，彩繪師的功力很重要，否則畫出來神采不足，王船
> 彩繪就失去意義。

> 曹天助表示，他十五歲開始學彩繪，出師後獨立作業，從事宮殿
> 寺廟油彩、門神壁堵彩繪，卅歲開始畫王船，從事傳統彩繪五十
> 年，沒有換過工作，由於廟宇建王船的機會不多，這些年來他畫
> 了近二十艘大小王船，畫王船之餘依然從事廟宇彩繪，他還在名
> 片印上彩繪過王船的廟宇名字，展現彩繪王船的成果[16]。

曹天助數十年下來訓練出來不少寺廟建築彩繪界藝師，其所傳弟子
依序是：林國勇→林健雄→潘士賓→林國發→鄭文大→鄭宗慶→林文財
→廖福來→林展男→蘇洞輔→曹家輝。

林國勇（1963年次）：高雄茄萣人，是曹天助弟子中最早入門者。
林健雄（1959年次）：高雄市鹽埕埔人，與曹天助有親戚關係，是第
二位入門者。潘士賓（1968年次）：高雄內門人，是曹天助妻子之親戚，
是第三位入門者。林國發（1967年次，是為林國勇之弟）、鄭文大（1961
年次）、鄭宗慶（1964年次，與鄭文大是宗親）這三位都是茄萣人，
依序成為第四、五、六位入門者。

林文財（1970年次）：臺南灣裡人，是曹天助妻舅，其兄林文柱

與林良太學習王船技藝,他自己則成為曹天助門徒。廖福來(1966年次):高雄彌陀人。林展男(1979年次):臺南鹽埕人,是曹天助二姊之子。蘇洞輔(1951年次):臺南灣裡人,是曹天助之妹婿。曹家輝(1988年次),臺南灣裡人,曹天助之子,原本學習日本料理,大約於2003年開始轉行從事傳統彩繪,是曹天助目前所傳門徒中年紀最輕者。而曹天助門徒中也有幾位早已授徒,例如林國勇傳藝於薛裕隆(茄萣人,小林國勇兩、三歲,林國勇妻舅)、潘士賓傳藝於郭文章(茄萣人)、林文財傳藝於戴榮志(臺南灣裡人,1970年次)、鄭文大傳藝於卓文彬(臺南市安南區人,1971年次),曹天助因而成為「師公」級的傳統彩繪師。

隨曹天助學習傳統彩繪之藝師,大致可分為三類:一是純地緣關係,如鄭文大(茄萣)、鄭宗慶(茄萣)、林國勇(茄萣)、林國發(茄萣)。二是純血緣及姻親關係,如林健雄(高雄市人,與曹天助有親戚關係)、潘士賓(內門人,曹天助妻子之親戚)。三是同時兼具地緣與血緣、姻親關係,如蘇洞輔(臺南灣裡,曹天助妹婿)、林文財(臺南灣裡,曹天助妻舅)、林展男(臺南鹽埕,曹天助二姊之子)、曹家輝(臺南灣裡,曹天助之子)。在地緣上的關係,以高雄茄萣人、臺南灣裡人居多,臺南鹽埕次之。曹天助授徒之所以局限於純地緣關係或血緣、姻親關係,筆者認為是社會觀念上一般人很少將傳統彩繪與西畫畫上等號,同等對待,視為「藝術」;加上傳統師徒制之習藝過程十分辛苦,習成出師之後,工作並不具穩定性,所以一般人很難從小就立志於此。因此,曹天助只能從血緣親友中或家鄉地緣上去尋求有意願的習藝者(圖4-6)。

曹天助說,從丁網老師往下傳承,至今從事傳統建築廟宇彩繪之藝師雖然不算多,但是至少超過百人,甚至可能接近兩百人。

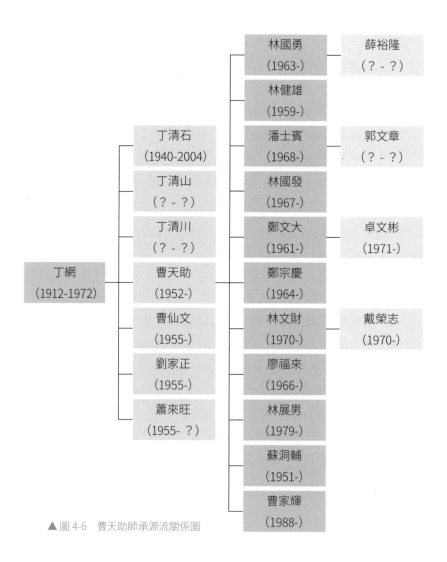

▲ 圖 4-6　曹天助師承源流關係圖

　　曹天助的彩繪團隊配合林良太的王船建造完成，彩繪過的王船數量亦相當驚人。曹天助表示，一艘大型王船彩繪需要二十天才能完成。因為船隻是有弧度的而非平面，所以王船彩繪師要懂得板子放在哪個部位，畫出來的作品才能栩栩如生，這個訣竅不是作筆記可以記錄下來，

也不是講一次就能懂得，更非看設計圖就會了，一切靠心領神會慢慢累積經驗，日久才能成功 [17]。

曹天助的王船彩繪的程序如下：

步驟一：補 AB 膠土、批布、補土、磨平、打底（底漆）。

步驟二：打稿（事先在紙上繪製完成）、瀝粉線（根據線稿瀝粉）、上色（等粉線乾了才可上色）、疊色或化色、開白線、上金漆或安金。

步驟三：畫師彩繪（八仙、十二生肖、財子壽、花鳥、博古、船堵畫龍），彩烏穩（彩繪草花）、船堵下堵彩繪（飛雲走馬八匹）、船後上面彩繪蟒龍、中堵畫財子壽、下面畫雙鳳、船上王府及媽祖樓（或稱媽祖廳）彩繪（廟內畫平面蟒龍），全部線條瀝粉線，以油漆為顏料彩繪。

步驟四：全部彩繪工作完成後，整艘船隻噴透明水泥漆，加上保護層，增加光澤與美感。

曹天助率領大批的彩繪團隊，也在各寺廟留下彩繪作品，主要是臺南市，其次是高雄市。由於曹天助是灣裡人，所以臺南市南區灣裡百分之八十的寺廟都是由曹天助承包彩繪工作，例如灣裡萬年殿、灣裡馬鎮宮、灣裡德濟宮等。另外，臺南市歸仁保西宮、歸仁廣安宮、柳營代天院、安定蘇厝第一代天府真護宮、喜樹萬皇宮（圖 4-7）、高雄永安天文宮、高雄市三民區信國路正氣宮、高雄寶來妙通寺等南臺灣地區寺廟都有其作品，甚至北臺灣的臺北市大龍峒保安宮、汐止善琴慈惠堂等也都有其彩繪工程。

國定古蹟臺北市大龍峒保安宮修護期間，廖武治（1943 年次）董

事長特聘請曹天助擔任於傳統彩繪匠師，工作期程是 2000 年 4 月至 2003 年 1 月。廖董事長年輕時期師承臺灣著名西畫家張萬傳（出生淡水，8 歲後搬遷到大稻埕，1909-2003）習畫，舉辦過油畫個展，是一位充滿人文藝術氣息的廟宇管理者，2002 年獲內政部頒二等內政獎章及臺北市政府頒臺北市文化獎，2003 年保安宮獲聯合國教科文組織（UNESCO）亞太文化資產保存獎 [18]。熱愛藝術、對於廟宇修護品質要求甚高的廖董事長於 2004 年 9 月 18 日頒給他證明書乙紙（圖 4-8），足見曹天助彩繪獲得藝術前輩之肯定。2013 年曹天助當選全國模範勞工。

▲圖 4-7
1988 年曹天助（左一）彩繪喜樹萬皇宮王船／林育徵提供

無論是木作班底，還是彩繪團隊，林良太王船團隊的大多數成員都與林良太有非常密切的地緣關係，他們不是茄萣人，就是灣裡人。灣裡、茄萣地理位置都在臺 17 線旁，同屬於靠海維生而王爺信仰蓬勃的地區。灣裡是位在臺南市南區、鄰近高雄市茄萣區的一個地區，萬年殿是該地區的信仰中心，奉祀於廟內之神船傳說是庄民出海作業發現而拾獲的一艘漂流王船，每十二年一科的王醮採取「遊地河」出巡遶境儀式，而非南部送王儀式主流「遊天河」燒化方式，因此格外受到注目。兩區相鄰，隔著南臺灣王船信仰的主要流域之一的二仁溪。

（二）蘇榮仁彩繪團隊

　　蘇榮仁（1966 年次）為茄萣白砂崙人，在茄萣設「弘大彩繪工程行」，與王船技師林良太是茄萣同鄉。因為從小喜歡繪畫、經常進出廟宇，對於廟宇傳統彩繪感到興趣，因而成為專業的寺廟傳統彩繪師。擔任過臺灣寺廟彩繪藝術繪畫會理事、茄萣國小傳統寺廟彩繪社團之指導老師，熱愛彩繪藝術。參加過茄萣圖書館畫展、府城美展、臺南市孔廟園區個展、澳洲臥龍岡文化交流展、日本仙台文化交流展、松雲畫會 2012 年龍年書畫聯展[19]。曾

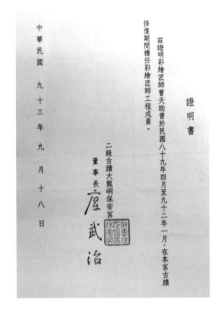

▲ 圖 4-8
曹天助擔任大龍峒保安宮古蹟修護期間彩繪匠師／曹天助提供

為彰化縣永靖鄉餘三館、嘉義市吳鳳廟及屏東玉皇宮等知名古蹟作過修復工作，作品以寺廟彩繪居多，王船較少。其王船彩繪作品包括 2012 年壬辰科臺南喜樹萬皇宮、2012 年壬辰科金鑾宮王船、2015 年乙未科花蓮代天府王船。

（三）鐘銀樹彩繪團隊

　　彩繪團隊中與林良太沒有任何地緣關係者為鐘銀樹彩繪團隊，這是西港慶安宮王船的承包習慣，將其分成兩大部分，王船木工直接委由林良太來承攬，而王船彩繪直接委託鐘銀樹來負責。不像其他多數廟宇的

王船承作都是直接委交林良太，林良太完成王船打造之後，再將彩繪任務委託給長期配合的曹天助團隊。因此林良太在西港所承作的王船並非交給長期合作夥伴「王船發仔」曹天助，而是交由鐘銀樹長期配合。

鐘銀樹（1957 年次）係臺南楠西鹿田里東西煙庄人，國中畢業後在表兄弟的介紹下，即到臺北學習傳統建築彩繪，師承板橋彩繪師傅高文雄。依照傳統師徒制，學習約三年多雖已「出師」，但仍跟著高文雄師傅工作一陣子，退伍後便南下臺南定居（現居臺南安平區五期）工作生活，開始自己承攬工作，約 27 歲時在臺南市成立「翰威宮殿彩繪」工作室。

慶安宮王船彩繪會找上鐘銀樹的契機是，1992 年後殿拆除重建，由鐘師傅受邀進行後殿彩繪安金工作。1994 年後殿完工，亦適逢準備舉行甲戌年王醮，總幹事便找他來彩繪王船。因此，從 1994 年起至 2018 年止共九科九艘王船都是由鐘銀樹帶領其團隊進行王船彩繪。

鐘銀樹彩繪工作曾長期與潘岳雄（2000 年庚辰科王船便邀其協助製圖稿）合作，目前常與鳳山劉武吉合作。他的王船彩繪團隊約有三至四人。他說，一般而言王船彩繪較「功夫做」，不同的王船也有不同的處理方式，永祀王船較火化王船更為費工，永祀王船在補土時用汽車補土，較為牢固，網仔則要用香油；火化王船因存放時間短，採用裝潢補土，用白膠黏著即可。

除了西港慶安宮九艘王船之外，臺南地區其他王船彩繪作品包括：鹿耳門天后宮媽祖船（1984 年）、十份金德豐正王府永祀王船（2009 年）。另外，亦有廟宇彩繪作品，大多集中於臺南市，包括：七股區七股寮九龍宮、西港區西港慶安宮、西港區東港澤安宮、安南區鹿耳門天

后宮、永康區二王廟、北區糖安宮、東區開帝殿等，近期北部有新北市永和區保福宮，新莊、三重埔祠廟也有其作品。較為特殊彩繪作品是有兩陣宋江陣委託他進行「雙斧（兵器）彩繪」，即西港區中港仔廣興宮與新市區移民寮榮安宮合組的宋江陣、新吉庄仔保安宮宋江陣，亦有私人曾經委託他進行雙斧彩繪[20]。

第二節　「船域」──承製王船之地域分布

　　從 1975 年完成高雄永安天文宮建造的第一艘王船起，至今保守估計林良太應至少完成了超過二百艘王船製作。由於林良太所承作之王船，除了極少數是供奉在廟宇裡的「永祀王船」外，大多數是以「遊天河」為終極目的，必須隨著送王儀式而燒化掉，加上早期所承作之王船年代有些久遠，委託的廟方與承製的林良太都沒有留下紀錄，雙方也都記不得，或是早期委託的廟方主事者有些人已離世，無法口訪得知，故要一艘艘回溯有其困難度。就如一幅完整拼圖，要一塊一塊慢慢拼湊，原非短暫時間可成，更何況有些圖塊早已遺失無蹤，每次查訪得知一艘，就如拼湊出一個圖塊般，喜悅中還是難免有些缺憾，因為那些失落圖塊不知多少？落於何方？本文之調查（表 4-1）在僅有留下的少數紀錄（特別是民俗學者黃文博校長無私地提供珍藏照片與寶貴資料，讓林良太的王船作品得以如實呈現給讀者，筆者由衷感謝），與耆老相繼離世的情況下，雖然想盡全力追出些許線索，但下列調查表內容數量與林良太所打造的王船數量必然存在著一定的差距，這就像是一座冰山一樣，眼前的只是表面、很少的一部分，而更大一部分、為數更多的王船早已經隨著一科接著一科、定期或不定期的各廟王醮祭典，恭送王爺遊天河而飛昇於無邊無際的神靈世界，不為後人所見。茲將 2019 年止林

良太所承造各廟宇王船數量製成下列一覽表，排列方式以數量最大宗的臺南地區（原臺南縣）為先，其次依序由南而北，再次是花東地區。

表 4-1　2019 年止林良太承造各公廟私壇王船數量一覽表（依區域排列）

編號	廟宇名稱	數量	年代	備註
1	北門蚵寮保安宮	2	1988、1988	一為燒化，一為永祀
2	北門三寮灣東隆宮	3	2002、2011、2014	
3	將軍馬沙溝李聖宮	1	1993	
4	將軍青鯤身朝天宮	1	2016	
5	七股十份金德豐正王府	1	2009	
6	佳里金唐殿	2	1990、1993	
7	西港慶安宮	13	從 1985 至 2018 共12 科 另有一艘為「西港慶安宮香科文物館」展示用王船	
8	安定蘇厝真護宮	4	2000、2009、2015、2012	永祀王船為 2012 年打造
9	柳營代天院	9	從 1990 年至 2017 年 10 科中，除了1999（乙卯）、2005（乙酉）兩科未承製外，一共承作了 8 科 2011	永祀王船為 2011 年打造

（續上表）

編號	廟宇名稱	數量	年代	備註
10	東山田尾慈麥宮	2	2015、2015	私人宮壇
11	玉井虎頭山顯正殿	1	2013	玄元金龍大法船，長52尺、船重3公噸
12	仁德蔦松腳開農宮	1	1981	
13	仁德大甲萬龍宮	3	1993、1993、2017	鎮殿王船，蘇春福承作，林良太收尾
14	仁德十三甲武德宮	1	2007	
15	仁德田厝水明殿	3	1984、1994、2000	
16	歸仁保西代天府（大人廟）	4	1999（3艘）、2017	
17	歸仁仁壽宮	2	2015、2016	2016年這一艘為永祀王船
18	歸仁歸南北極殿	1	2001辛巳年五朝王醮	11月1日辰時送王，80萬
19	關廟山西宮	3	1994、2006、2018	
20	永康大林心福殿	1	2015	檜木永祀王船
21	安南區鹿耳門天后宮	1	1984、2016	1984與蘇春發合造2016祈年通寶船（媽祖船）
22	北區朝天宮	1	2017	位於北區武聖路朝天宮是一間私壇，王船完成後於臺南高鐵站附近進行法會、火化

（續上表）

編號	廟宇名稱	數量	年代	備註
23	中西區崇福宮	1	1997	名為「崇玄」號
24	中西區武英殿	1	1996	
25	南區喜樹萬皇宮	1	2012	
26	茄萣白砂崙萬福宮	1	1992	1992 年白砂崙萬福宮建醮，由「西部師」蘇春發主持製作王船，林良太為協助製作班底
27	茄萣頂茄萣賜福宮	1	1992	1992 年茄萣頂茄萣賜福宮建醮，由「西部師」蘇春發主持製作王船，林良太為協助製作班底
28	茄萣新庄仔新興宮	1	2000	新興號，長 60 尺，寬 15 尺
29	湖內大湖碧湖宮	1	2000	碧湖號，長 33 尺，寬 10 尺，400 萬
30	永安竹仔港天文宮	6	1975（75 尺）、1999（72 尺）、2007（52.37 尺）、2012（50 尺）、2002（大約 20 幾尺）、2011（大約 20 幾尺）	1975 年（船名不詳）、1999 年道元輪、2007 年順平輪、2012 年進祥號。洪正忠私宅佛祖指示要造法船二艘，一艘 2002 年焰光輪，一艘 2011 年錠光輪。
31	天文徐府鹽埕王千歲壇（永安竹仔港天文宮分壇）	1	2012	2.8 尺（是林良太所承作目前尺寸最小的王船）

（續上表）

編號	廟宇名稱	數量	年代	備註
32	永安新港宮	2	1979、1979	30 尺，同一年造兩艘
33	私人佛寺	1	1979	30 多尺法船定功輪
34	私人佛寺	1	1979	30 多尺法船協功輪
35	彌陀潔底濟山宮	1	2012	12 年一科
36	楠梓後勁天母宮	1	2017	湄洲壹號
37	鳳山雙慈亭	1	2017	永祀王船
38	嘉義北門口先天宮	1	1999	永祀王船
39	東石先天宮	2	2014（42 尺）、2017	
40	口湖台子村地藏庵	1	2016	
41	口湖台子村天臺宮	1	2016	
42	口湖蚶仔寮舊港邊萬善祠	1	2018	
43	員林衡文宮	1	2012	
44	苗栗通宵五雲宮	1	2019	
45	花蓮代天府	1	2015	12 年一科

以上的王船製作廟宇大多集中在臺南市（原臺南縣），其次是高雄市（原高雄縣），再次是外縣市。而私人向林良太訂製典藏的小型王船，則以臺南市（原臺南縣）的收藏者為主。茲分述各廟王船如下：

一、臺南市王船

（一）北門

1、蚵寮保安宮

蚵寮聚落（今保吉里、東壁里及鯤江里）是北門最大聚落，聚落以漁業、鹽業、養殖為主。北門蚵寮保安宮，俗稱蚵寮王爺廟，主祀「深

▼圖 4-9　1988 年林良太為北門蚵寮保安宮打造的王船／黃文博攝

山尉池府千歲」（「深山尉」一詞其由來與意義目前尚未解明），建於1814年（嘉慶9年）。蚵寮人稱保安宮為「（頭）前廟」，而香火極其鼎盛的南鯤身代天府為「後（壁）廟」，兩廟合稱為「前後廟」。

　　保安宮自1948年至1988年共舉行五次的王船建醮，但自1988年興建「王船閣」後，王船建醮至今不定期舉行[21]。1988年戊辰年，由於林良太1985年在慶安宮的王船造成轟動，打響了知名度，因此位在北門的「蚵寮保安宮」此科亦委託林良太來承製王船工作（圖4-9）。不過此科醮祭，廟方主事者鑑於王船燒化未能保存，甚為可惜，乃共同決議同時興造王船二艘，一艘永祀於廟前「王船閣」（圖4-10），一艘隨送王儀式燒化[22]。

▲圖4-10
1988年林良太為北門蚵寮保安宮
打造的永祀王船／楊家祈攝

2、三寮灣東隆宮

　　北門三寮灣雖是一處濱海小漁村，但村民信仰中心的東隆宮卻是一座非常壯觀的廟宇，東隆宮旁的文化中心於1998年落成，內部設置王爺信仰文物館。東隆宮內供奉兩艘「永祀王船」，一艘木製，一艘銅製。木船在右殿，為1948年建造；銅船在後殿，於1978年由五位羅姓信徒捐款鑄造[23]。

三寮灣東隆宮原名「慈安宮」，主祀五府千歲，戰後東港東隆宮的溫府王爺前來駐鎮而改今名，因此三寮灣東隆宮每逢舉行王船祭典之前，都會先赴東港東隆宮邀請溫王爺到北門來看戲。1980 年開始議定固定每三年一科，於農曆十一月一日溫府千歲誕辰舉行。1983 年、1986 年、1990 年（為因應 1990 年要建五朝醮而順延一年），此後順延成 1993 年起，每三年一科至今。

　　2002 年（圖 4-11）、2011 年、2014 年北門三寮灣東隆宮這三科的王船都是聘請林良太打造的。2011 年辛卯科，「溫王號」王船之船長 42.4 尺，船寬 12.8 尺，不含添載物品在內，淨重約有 5 公噸（圖 4-12）。2014 年甲午科更是首次將代天巡狩所乘之「東隆號」王船（圖 4-13）拖拉到 2 公里外的蘆竹溝漁港送王，不同於過去燒王船地點距離東隆宮只有 500 公尺遠的慣例。這是因為廟方擲出有史以來的首次「立筊」，再請示主神溫府千歲後，才降示是因臺 61 線濱海快速道路阻斷了王船的「水路（航道）」，因此甲午科王船的「水路」須開至蘆竹溝漁港北側空地才能送王啟航。另外此科王船醮祭也首次舉辦信眾「擔金銀」活動，肩挑金紙和銀紙摺成的金、銀元寶為王船添載，以祈福和補財庫。晚間約 6、7 點之間燒化送王。臺南市文化資產管理處民俗暨文物審議委員黃文博、謝國興與筆者，三人一同訪視此科王船醮的祭祀、送王過程後，建議文化資產管理處提報三寮灣東隆宮王船醮祭列入臺南市民俗[24]。

（二）將軍

1、馬沙溝李聖宮

　　將軍馬沙溝的「李聖宮」是馬沙溝地區民眾的信仰中心，主祀李

▲ 圖 4-11
2002 年林良太為北門三寮灣
東隆宮打造的王船／黃文博攝

▲ 圖 4-12
2011 年林良太為北門三寮灣東隆宮
打造的王船／黃文博攝

▼ 圖 4-13
2014 年林良太為北門三寮灣
東隆宮打造的王船／黃文博攝

府千歲，但祂並不是「五府王爺」系統裡的神祇，而是托塔天王李靖，創建於 1933 年（昭和 8 年）。據當地耆老的說法，此地過去是五年舉行一次醮典，現在則是不定期舉辦。根據新聞報導，馬沙溝雖位居偏遠，傳統漁村卻地靈人傑，如誠品書局董事長吳清友、勝益海鮮加工董事長洪錦漳、臺北 101 臺南擔仔麵董事長周文保、華美街臺中擔仔麵董事長周彰化、泰興紡織實業董事長王泰運、奕豪企業董事長陳萬生、船老大餐廳老闆陳啟禎、昱富建設董事長朱進春、華鴻營造董事長陳宗興、中華民國臺灣省關懷同心會會長吳水彭等，許多國內優秀企業家都出身於此[25]。

將軍馬沙溝李聖宮舉行王醮祭典，據說創廟之

▲ 圖 4-14
上下圖為 1993 年林良太為將軍馬沙溝李聖宮打造的王船／黃文博攝

後是五年一科醮，後來則改為不定期。最近一科於 1993 年舉行，王船即聘請林良太打造（圖 4-14）。

2、青鯤身朝天宮

青鯤身聚落包含鯤身里和鯤溟里兩個行政里。1738 年（乾隆 5 年）先民從泉州府同安縣渡海於此定居，漁撈為生。約 1795 年至 1820 年期間（嘉慶年間），創建竹茅廟宇，先是主祀媽祖，1823 年（道光 3 年）以後再同祀王爺，其後以王爺為主祀神。依黃文博的調查研究，1913 年（大正 2 年）時，在國聖港北邊網仔寮汕（青鯤身人稱為「中沙崙頭」）這個地方，青鯤身與土城仔的漁民共同發現一艘王船，經由擲筊之後決定由青鯤身人迎回「代巡七王」，而土城仔人迎回王船奉祀[26]。

1976 年朝天宮重建，迄 1984 年竣工。重建落成後，依慣例每 12 年會舉行建醮法會，建造王船恭送代天巡狩，1996 年、2008 年均有醮典，而林良太於 1996 年、2008 年均有承造青鯤身朝天宮王船。

（三）七股

十份是南七股面積最廣大的一個行政里，聚落包含了「五塊寮仔」、「九塊厝仔」、「金德豐」與「新吉庄」。「正王府」為七股金德豐庄的庄廟，公厝建於 1965 年，今廟重建於 1995 年，主祀正官正王與雷府千歲。

由於正官正王是雷府大將三兄弟生前船上祭拜之王爺溫府千歲，所以經主神正官正王降示後，乃將廟脊雙龍拜塔處改建為一艘王船，且在龍池配合雙龍打造一艘王船，以呈雙龍護船之意，並建王船亭安座奉

▲ 圖 4-15　2009 年林良太為七股正王府打造的永祀王船／黃文博攝

祀。2009 年 3 月 3 日舉行王船遶境，王船兩緣各有 18 名水手划槳，臉
部表情都栩栩如生，也是紀念雷府三兄弟和船難的 36 名水手。金德豐
正王府王船遶境後，進駐龍池船塢安座。這艘不燒化的永祀王船就是由
林良太所打造（圖 4-15）。

（四）佳里

佳里金唐殿的蕭壠香是三年一科，但後來中斷，一直到 1987 年才
又全面恢復舉行三年一科王醮大典。每逢子、卯、午、酉年金唐殿境內
的 17 角頭（佳里區境內）24 村庄（分布在西港、將軍、七股等地）舉
行刈香遶境及王醮祭典活動。千歲爺刈香遶境活動依路關圖舉行前後共
三天，王醮祭典部分則採「五朝」，依序進行宴王、添載、點倉、拍船

醮、送王儀式。

根據陳宏田的調查研究，佳里金唐殿自 1987 年「丁卯香科」復香後以迄 2014 年「甲午香科」的十科間，除了 1993 年「癸酉香科」和 1996 年「丙子香科」等二科是聘請高雄林良太製作之外，其餘八科香醮的王船，都是委由將軍區青鯤身造船世家的王聰明（天城師）和王文傑父子製作[27]。但本文的調查，林良太至今也是承製兩次金唐殿王船，

▲ 圖 4-16
1990 年林良太為佳里金唐殿打造的王船／黃文博攝

但時間卻早了一科三年，即 1990 年、1993 年這兩科的王船是由林良太所打造。至於何者正確，由於廟方與承造者都沒留下紀錄，記憶上也不敢確定，有賴進一步深入調查或有力證據出現。不過，根據資深民俗學者黃文博提供給筆者他當年所拍攝的照片，可以推知應是 1990 年（圖4-16）、1993 年（圖4-17）這兩科的王船。

（五）西港

西港慶安宮主祀天上聖母，每三年舉行一次香科大醮典暨代天巡狩出巡遶境活動。2009 年「西港刈香」經文化建設委員會（今文化部）指定為國家重要民俗，為國家級重要的無形文化資產。

1983 年以後，林良太離開蘇春發的王船團隊，加上當時漁船材質改成玻璃纖維，木造漁船製作量十分稀少，32 歲的他與澎湖師仔（許

佛耽）學習修理漁船，兩人最後決定去討海，期間約一年多將近兩年，於「大陸山腳」（中國、澎湖之間的海溝）捕肉鯽仔（肉魚、刺䲁、瓜子鯧），過著「討海人」的生活。兩年浪裡翻滾的日子之後，他回到陸地上再繼續他的造船工作。1985 年乙丑香科他承接了西港慶安宮的王船建造工作，這一年林良太開始有屬於自己的木作班底與學徒團隊。據黃文博的調查研究指出：

> 玉敕慶安宮自從 1985 年乙丑香科起，便禮聘全國著名的茄萣王船師傅林良泰（筆者按：應為林良太）擔當重任，迄今 2012 年，林良太已為慶安宮建造十艘王船。由於林良泰（筆者按：應為林良太）自幼即以建造木結構漁船為業，年輕時逢機緣接觸造王船工作，足跡遍及全臺，由他巧手完成的王船不下 300 艘[28]。

▼圖 4-17
1993 年林良太為佳里金唐殿
打造的王船／黃文博攝

▲ 圖 4-18
1985 年林良太為西港慶安宮打造的王船／黃文博攝

▲ 圖 4-19
1988 年林良太為西港慶安宮打造的王船／黃文博攝

　　若再加上 2015 年乙未科、2018 戊戌科這兩科，光是西港慶安宮這一間廟，林良太就已經建造 12 艘王船（圖 4-18 至圖 4-27）。其實另一種說法是，林良太已為慶安宮建造 13 艘王船[29]。但這樣的說法，必須清楚說明其中一艘是放置於「西港慶安宮香科文物館」的「展示用王船」，否則難以理解為何西港慶安宮香科前後共有 12 科（1985-2018），竟會造出 13 艘王船。為了保存西港刈香中庄頭自組陣頭的文物與彰顯其歷

▲ 圖 4-20　1991 年林良太為西港慶安宮打造的王船／黃文博攝

▲ 圖 4-21　1997 年林良太為西港慶安宮打造的王船／黃文博攝

史宗教文化傳統，1997 年丁丑香科時，副總幹事張秋東建議成立文物館，至 2001 年 5 月 5 日正式成立時就典藏林良太「展示用王船」（圖 4-28）。

2018 年農曆四月戊戌這一科的慶安宮香科醮典，已於 2017 年農曆八月四日選定在臺南佳里區外渡頭厚德宮旁神榕完成王船取艍儀式，農曆八月八日巳時也完成王船寶艍開斧儀式。

2018 年戊戌這一科正好大臺南地區五大香科三年一科（大多數三年一科，少數四年一科）的香科年，臺南市政府觀光旅遊局特別於香科年推展一連串宗教觀光配套措施，包括「巡狩四方：臺灣及東南亞王爺信仰」特展及集章抽獎活動，安定蘇厝真護宮（王醮、臺南市民俗）、安定蘇厝長興宮（王醮、臺南市民俗）、學甲慈濟宮（上白礁、臺南市民俗）、安平開臺天后宮（上香山、四年一科、臺南市民俗）、鹿耳門

▲圖 4-22　2000 年林良太為西港慶安宮打造的王船／黃文博攝

▲圖 4-23　2009 年林良太為西港慶安宮打造的王船／黃文博攝

聖母廟（土城香、臺南市民俗）、麻豆代天府（麻豆香、臺南市民俗）、
西港慶安宮（西港香、國家重要民俗）與祀典大天后宮（府城迓媽祖暨
鎮南媽出巡遶境、四年一科、臺南市民俗）共同協辦聯合宣傳。

▲圖 4-25
2015 年林良太為西港慶安宮打造的王船／黃文博攝

▼圖 4-24
2012 年林良太為西港慶安宮打造的王船
／黃文博攝

▲ 圖 4-26
2018 年林良太為西港慶安宮打造的王船（一）
／黃文博攝

▲ 圖 4-27
2018 年林良太為西港慶安宮打造的王船（二）
／黃文博攝

▲ 圖 4-28
西港慶安宮香科义物館的展示用王船／林育微提供

▲ 圖 4-29
2000 年林良太為蘇厝真護宮打造的王船／陳宏田攝

▲ 圖 4-30　2009 年林良太為蘇厝真護宮打造的王船／黃文博攝

（六）安定

　　主祀五府千歲的安定蘇厝真護宮，創建於 1960 年。1967 年舉辦首科五朝王醮及王船祭典活動。三年一科的王船祭典，亦發展出地方信仰的特色，2009 年登錄為臺南縣民俗。

　　2000 年庚辰科（圖 4-29）、2009 年己丑科（圖 4-30）、2015 年乙未科（圖 4-31、4-32）的五朝王醮所建造的王船分別命名為稱「庚辰號」、「己丑號」、「乙未號」，都是委由林良太建造。庚辰號長 36 尺、寬 10 尺、高 7.6 尺，造價 130 萬。「乙未號」王船規格，船身、船寬各 36、10 臺尺、中桅高 36 尺，與上科醮典相若，林良太仿古代戰船建造完成後，由嘉義彩繪師傅洪文徵、方仁穎等人進行彩繪[30]。

　　此外，蘇厝第一代天府真護宮另有三艘王船目前仍存放於宮內，最為醒目的一艘是 1955 年建造（原存放於蘇厝長興宮，真護宮啟建完成後遷移至真護宮）名為「凱旋號」的永祀王船，長 13.6 尺，寬 7 尺。

▲圖4-31　2015 年林良太為蘇厝真護宮打造的王船（一）／黃文博攝

▼圖4-32
2015 年林良太為蘇厝真護宮打造的王船（二）
／黃文博攝

與一般永祀王船最大的差異是，此船與鐵牛車至今已經是「船車一體」，每當王爺有南巡北狩之需時，鐵牛車可載著王船「陸上行舟」、巡行遶境。王船前設有「代天巡狩廳」，祀五府千歲；後設有「佛祖廳」，祀觀音佛祖與天上聖母。船頭安有「船頭將軍」（營船大將軍）；船尾安有「船尾將軍」（水袍將軍），十分特殊 [31]。另外兩艘存放於「王船祭文物館」展示：「泉州型王船」為中國福建泉州「富美宮」所贈，「臺灣型王船」為林良太於 2012 年打造。

（七）柳營

柳營代天院位於急水溪南岸，主祀「代天巡狩」俗稱為「遊王公」──為一「遊府食府、遊縣食縣」之神祇。原為當地民宅奉祀，後來「落公」，供奉於 1971 年落成的「柳營代天院」。代天院王醮為三年一科，逢子、卯、午、酉年舉行，日期是農曆十月十五日至十七日為期三天。建醮年於農曆七月會「鑼壇」（落壇）向玉皇大帝請旨同意建醮與否，若同意則由「代天巡狩」降乩指示王船「船串」（主骨樑）之尺寸。農曆八月初，開始動工建造，大約一個月至一個半月即可完成。

1990 年庚午年（圖 4-33），此科林良太受聘前往承作柳營代天院王船開始至今 2017 年丁酉科，除了 1999 年乙卯科及 2005 年乙酉科這兩科廟方另請其他造船師製造之外，其餘八科都是由林良太承造，共有八艘王船。另據黃文博的調查，說法稍有不同，他說 1990 年以前柳營代天院都是請臺南將軍漚汪的王明賢來建造，1993 年開始才改由林良太來主持，建造之王船都屬中型，長約 12 尺、寬約 3 尺 [32]。由於王明賢善長竹篾編織糊紙藝術，以立體造型之技法最為拿手，作品以紙偶、醮騎、王船為大宗，2014 年已列入臺南市傳統工藝「糊紙」文化資產保存技術保存者，所以筆者推斷他為柳營代天院所承製的王船應該是紙

▲ 圖 4-33　1990 年林良太為柳營代天院打造的王船／黃文博攝

粽王船。

　　代天院的王船從 2008 年戊子科（圖 4-34）、2011 年辛卯科（圖 4-35）、2014 年甲午科、2017 年丁酉科，連續四科都是由林良太負責承造，沒有中斷。且每一科的王船尺寸都是由遊王公降示指定，其中 2014 年甲午科王船長 47 臺尺、寬 13 尺、中桅高 36 尺的「遊王號」王

▲ 圖 4-34　2008 年林良太為柳營代天院打造的王船／黃文博攝

▲ 圖 4-35　2011 年林良太為柳營代天院打造的王船／黃文博攝

船（圖 4-36），連同紙紮神祇神將天兵、水手等，造價約兩百萬元[33]。
最為神奇的是 2017 年丁酉科（圖 4-37），信眾原本以為王船醮可能辦
不成了，遊王公的乩手起乩終於請到建醮的玉旨，引起記者的爭相報導：

　　神奇，柳營代天院舉行鑼壇（即落壇）法會，敲鑼打鼓等了 28
　　天後，在農曆 7 月的最後一天終於獲玉皇大帝同意舉辦代天院

▲ 圖 4-36　2014 年林良太為柳營代天院打造的王船／李孟芳攝

▲ 圖 4-37　2017 年林良太為柳營代天院打造的王船／李孟芳攝

丁酉科三朝王船醮典，將在農曆10月13日起鼓入醮，送王（燒王船）在農曆10月17日丑時（國曆12月4日凌晨）。代天院丁酉科爐主鄭百成說，丁酉科王船將邀請大師林良太再次承接建造，農曆8月16日（國曆10月5日）開斧造王船，到農曆10月11日（國曆11月28日）王船出廠，王船建造時間不到2個月，建醮籌備要緊鑼密鼓。

奉祀遊王公的柳營代天院，保留每3年一科建醮燒王船的宗教傳統，以不靠海、最內陸的王船醮典著稱。該科能不能建醮？則要在農曆7月舉行鑼壇，等候遊王公向玉皇大帝請示是否領旨同意建醮，鑼壇儀式並是全臺唯一，請示結果受到柳營、新營、鹽水、六甲信仰地區信眾的關心。鑼壇在農曆7月敲鑼打鼓進行法會28天後，都無動靜，信眾以為丁酉科王船醮可能辦不成了，但在農曆7月最後一天的7月29日（國曆9月19日），遊王公的乩手起乩才終於請到建醮的玉旨，信眾稱奇[34]。

▲圖4-38
2011年林良太為柳營代天院打造
永祀王船的粗胚／林育徵提供

代天院與一般廟宇「送王」稍有不同，一般廟宇的王船會以溪流或是海邊為送王場域，這是因為民間信仰的認知「代天巡狩」是乘坐王船而來，故迎來送往的地點就會在溪流或是海邊，而代天院則是在廟前空地的祭拜處焚燒王船，這是因為廟前原有一條小溪流，可象徵王船亦順著溪流而送離。

▲ 圖 4-39
2015 年林良太為東山田尾慈麥宮打造
的永祀媽祖船／李孟芳攝

▲ 圖 4-40
2015 年林良太為東山田尾慈麥宮打造的
另一艘媽祖船已經燒化／李孟芳攝

　　柳營代天院除了這八艘已經燒化的王船以外，另有一艘 2011 年聘請太師製作的永祀王船（圖 4-38）安奉於院內，以為紀念並供信徒祭拜。

（八）東山

　　東山田尾慈麥宮主祀媽祖，是一間於十幾年前由私人所建的宮廟，於農曆三月二十三日媽祖聖誕日舉行王船祭典，至今共有三次。廟方 2015 年聘請林良太建造兩艘木造媽祖船，一艘停放後殿，是廟方永祀之神船（圖 4-39）。一艘於 2015 年農曆三月二十三日「媽祖生」晚上 11 時於廟埕設香案祭祀，由宮主添載金紙，點燃金紙，神船燒化（圖 4-40）。從兩艘媽祖船的外觀來看，船型、彩繪圖案都不一樣。由於林良太造船時並不會預先畫好草圖，兩艘媽祖船的船型究竟如何產生，可以說運用之妙全然存乎一心。

（九）玉井

玉井虎頭山半山腰的顯正殿，供奉文衡聖帝、太上道祖。在顯正殿的右側法船廠停靠一艘「玄元金龍大法船」，全長 52 尺。殿主沈聖文表示，是由道祖、文衡聖帝顯化金龍正體、龍身、龍命、龍格，他又說，「法船」如「蓮花法座」，是「慈航普度」佛力實體化的儀式，屆時，將會舉辦「玄元大法會」來贊陽渡陰，接引有緣人登龍船[35]。

這艘耗時三個月、動用十位造船師、船身彩繪十二生肖及八仙過海等吉祥圖案、重達三噸、號稱亞洲第一的巨大的「玄元金龍大法船」，雖位在偏遠山區，但仍引起諸多媒體記者的注意，報導說：

> 廟方人員表示，法船與王船最大的不同，就是龍首龍尾，王船為千歲爺代天巡狩，透過焚燒的方式送瘟出海、送返冥界；而法船如蓮花法座，不航行海上，而是載遊天地，贊陽渡陰[36]。

又報導：

> 廟方表示，顯正殿主祀道教始祖太上道祖玄元皇帝，去年就降旨預告未來三年世界各地瘟疫、災難多，指示打造一艘龍船以庇佑臺灣；果然，今年（2013 年）就傳出 H7N9 疫情，又發生臺灣漁民遭菲律賓官方槍殺事件等。這艘龍船也將在農曆十月遶境玉井、楠西，並將號召一〇八位龍子龍

▲圖 4-41
2013 年林良太為玉井顯正殿
打造的法船／李孟芳攝

女隨行護駕，期間也將舉行法會，號召信眾登龍船共襄盛舉，三年後才進行燒化儀式[37]。

而打造此艘法船的師傅正是林良太（圖 4-41）。

（十）仁德

1、蔦松腳開龍宮

仁德蔦松腳（上崙里上崙街）開農宮昔稱「開天宮」，主祀神農大帝，創建於 1718 年（康熙 57 年）。1977 年，因廟宇規模狹小，梁柱腐蝕，乃由蔦松腳與各地之信眾籌募與現址重建，1982 年竣工[38]。

落成之後舉行慶成王醮，並由林良太打造一艘「永祀不送」的王船（圖 4-42），供奉於廟內[39]。

▲ 圖 4-42　1982 年林良太為仁德蔦松腳開農宮打造「永祀不送」王船／張耘書攝

2、大甲萬龍宮

大甲萬龍宮位於仁德區大甲里港崎頭，地址在行大一街297之1號，主祀二府千歲，原為私宅所奉，1975年公厝「二王壇」創建之後神像「落公」。後因「公厝」格局太小，1978年加以改建，1984年竣工，廟名改為「萬龍宮」。1993年永祀的鎮殿王船竣工後，特敦聘著名民俗專家黃文博校長於同年撰寫〈鎮殿王船沿革〉一文，文中對於該宮王船信仰的發展脈絡有清楚描述，並說明了鎮殿王船以珍貴奇材紅豆杉為龍骨，長6呎6寸，與旗杆6丈6尺相映，取六六大順之意，船身則以樟木建造，由茄萣鄉造船師蘇春發先生承造之過程[40]。鎮殿王船竣工後，同年10月再造王船一艘，在三鯤身（漁光島）送王遊天河。

▼ 圖 4-43
2017年林良太為仁德大甲萬龍宮打造的王船（一）
／黃文博攝

事實上 1993 年「鎮殿王船」雖然是蘇春發所承作，但他並沒有將作品完成，就改由林良太接手收尾工作，直到完工。此後 1998 年再舉行一科王醮，之後就停頓未再續辦，直到 2017 年丁酉年仁德大甲萬龍宮的王船才再度由林良太承造（圖 4-43、4-44）。

3、十三甲武德宮

武德宮前身是由信徒募資興建的鐵厝「慎德壇」，供奉主神中路武財神趙府元帥。1999 年改建，2002 年竣工，落成後更名為「十三甲武德宮」。2007 年武德宮丙戌科五朝王醮，距離前一科 1987 年正好 20 年，而在神明的指示下特擴大舉辦，此科王船由林良太打造，在歷

▲ 圖 4-44
上下圖為 2017 年林良太為仁德大甲萬龍宮打造的王船（二）／黃文博攝

來醮典或普度場合中能鋪排兩千隻大豬公普度的場面，至今筆者還是頭一次看過，看過者莫不瞠目結舌。

▲ 圖 4-45
1984 年林良太為仁德田厝水明殿打造的王船
／黃文博攝

▲ 圖 4-46
1994 年林良太為仁德田厝水明殿打造的王船
／黃文博攝

4、田厝水明殿

　　仁德田厝水明殿創建於 1975 年，主祀水仙尊王（大禹），神明相傳是當地甘氏先祖由漳州府海澄縣奉請渡海來臺。田厝水明殿的王醮是屬於不定期的形態，1984 年甲子舉行首科王醮（圖 4-45），之後 1994 年（圖 4-46）、2000 年繼續舉行過兩科，至今即沒有再舉行過王醮祭典。2000 年庚辰科五朝王醮的王船命名為「光明號」，長 32 尺、寬 11 尺、高 14.56 尺，庚辰造價約一百萬。這三科都是林良太所承作。

（十一）歸仁

1、保西代天府（大人廟）

　　歸仁保西代天府（大人廟）創建於明鄭時期，主祀朱府（大千歲）、

158

池府（二千歲）、李府（三千歲）三老爺。本廟王醮祭典並非定期，目前可資料可稽者共有 1924 年（大正 13 年）、1969 年、1981 年、1999 年、2017 年一共舉辦過五次王醮大典。1999 年己卯科與 2017 年丁酉科（圖 4-47）的王船都是委請林良太打造。

2、歸仁仁壽宮

主祀保生大帝的歸仁仁壽宮舉辦過的王醮祭典至今共只有五次，屬於不定期的形態。王醮祭典最早有記錄可尋的年代是 1909 年（明治 42 年）己酉科，接著是 1961 年辛丑科、1977 年丁巳科這兩科，王船均由青鯤身王船師王神助打造。1995 年乙亥科則由茄萣「西部的」蘇

▼ 圖 4-47
2017 年林良太為歸仁保西代天府打造的王船出廠／李孟芳攝

▲圖 4-48
2015 年林良太為歸仁仁壽宮打造的
王船（一）／黃文博攝

▲圖 4-49
2015 年林良太為歸仁仁壽宮打造的王船
（二）／李孟芳攝

春發建造，彩繪則由國寶級畫師潘麗水之子潘岳雄負責；2015 年乙未科改聘請下茄苳的「太師」林良太打造長 50 尺、寬 14 尺（圖 4-48、4-49）的大型王船，彩繪則由臺南市南區灣裡的「阿發師」曹天助來負責[41]。

　　2015 年歸仁仁壽宮完成了乙未年五朝王醮慶典，此科距離上一科建醮的時間已相隔二十年，王船炫麗華美的印象雖然沉浸在一般信眾腦海裡，但隨著王船燒化遊天河，已消逝於無形。為了讓信眾有機會更進近距離接近王船、認識王船之構造與文化藝術，廟方特再度委請林良太團隊原班人馬打造一艘「仁壽號」王船，作為只供奉不焚送的「永祀王船」。「仁壽號」（圖 4-50）是採 1：30 的比例打造，長、寬、高分別是 7 尺 8、2 尺 8、4 尺 6，於 2016 年 1 月 23 日運抵仁壽宮，引起報紙媒體之關注報導[42]。

中華日報

依比例打造
歸仁仁壽宮縮小版王船供觀賞

↑仁壽宮縮小版王船和真正的王船一模一樣，外型也十分華麗。 （記者林偉民攝）

▲ 圖4-50　2016年林良太為歸仁仁壽宮打造永祀王船「仁壽號」／翻攝自《中華日報》

3、歸南北極殿

　　歸南北極殿主祀玄天上帝，當地人稱為「松仔腳上帝廟」，創建於1707年（康熙46年），由於日久斑駁毀損，1996年主委林語先生乃倡議起動重建工程，2001年落成。這次神明降示，落成時必須舉行首次五朝王醮，且必須打造王船，雖然過去本廟醮典並無興造王船的禮俗，但廟方仍然遵從神明指示，於農曆五月十日舉行取王船龍骨儀式，王船於農曆九月二十二日出廠。該年這一艘造價約八十萬的王船即委請林良太打造。

▲圖4-51　1994年林良太為關廟山西宮打造的王船／黃文博攝

▲ 圖 4-52
2006 年林良太為關廟山西宮打造的王船
／黃文博攝

▲ 圖 4-53
2018 年林良太為關廟山西宮打造的王船（一）
／黃文博攝

（十二）關廟

　　1958 年是關廟山西宮戰後首科有起造王船的王醮祭典，其後每隔十二年即舉行一科王醮，而 2006 年開始聘請西港的「案公」前來指導。

　　從 1958 年首科，至 2018 年，前後一甲子，共舉行過六科，1994 年（圖 4-51）、2006 年（圖 4-52）、2018 年（圖 4-53、4-54）的最近連續三科都是延請林良太打造王船。2018 年王船長約 15.6 公尺，取名「山西宮六號」。

　　由於關廟山西宮王醮隔十二年才舉辦一次，所以每次都辦得特別盛

▲ 圖4-54　2018年林良太為關廟山西宮打造的王船（二）／林良太提供

大，2018年戊戌科更吸引比前兩科更多民眾前觀看，諸多媒體對此盛況也會加以報導：

> 2018年10月19日，舉行出澳儀式，正、副船長也正式上任，
> 「山西宮6號」被推至前方廣場，接著豎起桅桿，並就地升帆，
> 還下錨、停泊。歐明堃說，出澳就是讓「山西宮6號」暫時駛
> 離船塢，象徵性地試航，宣告戊戌科建醮活動即將展開；由於
> 各界迴響熱烈，今年在往高鐵方向的五甲路設置普度場，面積
> 將近8公頃，包含主會團、董監事，以及信眾們的供品，預估
> 超過3萬盆[43]。

普度場面壯觀浩大，實為全臺罕見。

（十三）永康

主祀威靈王池府千歲的永康大林「心福殿」，是臺南市普濟殿分靈子館，同時供奉西港慶安宮分靈的十二瘟王。永康大林心福殿 2015 年殿內供奉一艘以檜木製作的永祀王船，為林良太所打造（圖 4-55）。最為特殊之處是，此船所配置的船帆有兩套，一套是帆布，另一套是木製。

（十四）安南區

安南區顯宮里鹿耳門天后宮，1984 年舉行甲子年護國祈安羅天大醮，當時林良太與蘇春發合作建造第一艘鹿耳門天后宮羅天大醮之媽祖船，船長約 35 尺、36 尺左右（圖 4-56、4-57）。醮典期間媽祖船於鹿耳門溪口超度鄭成功之陣亡將士與眾亡魂。媽祖船與一般所見之王船外觀雷同，但在神船之神聖空間配置上

▲圖 4-55
2015 年林良太為永康大林心福殿打造永祀王船
／李孟芳攝

▲圖 4-56
1984 年鹿耳門天后宮羅天大醮媽祖船（一）
／鹿耳門天后宮提供、黃文博翻攝

165

▲ 圖 4-57
1984 年鹿耳門天后宮羅天大醮媽祖船（二）／鹿耳門天后宮提供、黃文博翻攝

稍有不同，一般王船置有「王爺廳」與「媽祖廳」，但媽祖船只置設媽
祖廳（或稱「聖母廳」）而不置設王爺廳。

　　1993 年鹿耳門天后宮舉辦文化季，仿造古代通寶，並於農曆過年
初一至出四期間發送給民眾，象徵吉祥與財富[44]。2012 年起，更打造
所謂「祈年通寶船」，讓民眾逐一登上「祈年通寶船」領取「通寶」。
2017 年鹿耳門天后宮延請蔡振芳建築師設計一般「祈年通寶船」，聘
請林良太來打造，但最後只有設計圖，通寶船因故取消打造。

（十五）北區

　　2017 年 2 月臺南市北區武聖路朝天宮（私壇）委請林良太建造小型「法船」一艘，3 月於臺南歸仁沙崙高鐵站附近進行法會，法會完成後進行燒化（圖 4-58、4-59）[45]。

▼圖 4-58
2017 年朝天宮（私壇）小型法船粗胚
／林育徵攝

▲圖 4-59　2017 年朝天宮（私壇）委請林良太建造小型法船／林育徵攝

（十六）中西區

1、佛頭港崇福宮

　　崇福宮主祀玄天上帝，位於中西區民族路三段 119 號。神尊是當地佛頭港大崙（祖先於乾隆年間移民自泉州府晉江縣石獅鎮大崙村）蔡柯榮於 1728 年（雍正 6 年）由中國泉州府晉江縣迎請來臺，先是供奉於自家宗祠，1736 年（乾隆元年）後來神尊「落公」改宗祠公廟而稱為「崇福宮」。府城有句俗諺說：「蔡扮蔡，神主牌仔損損破」，乃源起於清朝時期以佛頭港崇福祠為信仰中心的「大崙蔡」蔡姓宗族，與以佛頭港聚福宮[46] 為信仰中心的「前埔蔡」（祖先於嘉慶年間移民自泉州府晉江縣安海鎮前埔村）蔡姓宗族，為了爭奪佛頭港街的挑運生意與地盤，導致互毆械鬥的一段歷史，1816 年（嘉慶 21 年）臺灣知縣溫溶為此於佛頭港（府城五條港之一）立了一塊「示禁」碑記，內容是「嚴禁佛頭港貨物分界獨挑」，將生意主導權交由貨主自行決定，不准兩蔡宗族強硬爭奪。

▲ 圖 4-60　1996 年林良太為臺南大智街武英殿打造的王船／黃文博攝

　　1997 年配合拜亭竣工，舉行丁丑年五朝王醮、三朝祈安清醮大典，建造王船一艘並舉辦佛頭港文化祭。王船延請林良太打造，農曆六月二十三日安廠建造，八月七日竣成出廠，前後僅花一個半月的工作時程，速度飛快。王船名為「崇玄」號，船艙長 13 尺 4、船身長 38 尺 8.5吋、寬 16 尺，中桅 38 尺 2 吋、前桅 24 尺 2 吋、後桅 16 尺 2 吋。王船彩繪龍鳳俱為五爪，美輪美奐。農曆九月二十四日送王後燒化[47]。

2、大智街武英殿

　　武英殿址在大智街 135 號，位於大智街與武英街的街口，初名為「集慶堂」，是由南鯤身分吳府千歲香火至南廠集慶堂供奉，1972 年南廠集慶堂易名為「南廠武英殿」，2010 年重修是為現貌。吳府千歲聖誕為農曆九月十五日，其王醮祭典為不定期。目前為止，武英殿王醮僅舉行過兩次，相隔 12 年。第一次王醮與王船製作是 1984 年甲子科，第二次王醮是 1996 年丙子科，王船就是委請林良太打造（圖 4-60）。

（十七）南區

　　喜樹萬皇宮主祀葉、朱、李三府千歲，於1739年（乾隆4年）建廟，今廟貌為1979年重建，2011年整修。當地人盛傳喜樹與灣裡兩庄原本海邊共同拾獲漂來王船一艘，然因兩庄不和，於是王爺歸喜樹，王船歸灣裡，兩地各自建廟奉祀。

　　萬皇宮王醮為十二年一次，每逢辰（龍）年啟建。王船龍骨之取得並非直接由樹木取材，而是至嘉義市木材行由神明發大轎擇取。2011年萬皇宮整修落成後，2012年壬辰科即啟建三朝王醮，王船延請林良太打造，名為「萬皇號」（圖4-61）。

二、高雄市

（一）茄萣

1、白砂崙萬福宮

　　主祀五府千歲的白砂崙萬福宮，創建於1795年（乾隆60年），與主祀媽祖的頂茄萣賜福宮、主祀媽祖的下茄萣金鑾宮、主祀大使爺的崎漏（塭寮）正順廟，同為茄萣四大境主廟宇之一。1992年白砂崙萬福宮建醮，由「西部師」蘇春發主持製作王船，林良太為協助製作班底。

2、頂茄萣賜福宮

　　頂茄萣賜福宮主祀媽祖，1992年茄萣頂茄萣賜福宮建醮，由「西部師」蘇春發主持製作王船，林良太為協助製作班底。

▲▼ 圖4-61　2012年林良太為喜樹萬皇宮打造的王船／黃文博提供

▲圖 4-62　2000 年林良太為茄萣新興宮打造一艘「新興號」王船／陳宏田攝

3、新庄仔新興宮

　　1877 年（光緒 3 年），由下茄萣金鑾宮附近居民遷居至此，形成聚落，乃稱此新開闢的庄頭為「新庄仔」。1986 年主祀薛府千歲的庄廟「新興宮」廟宇落成，舉行慶成祈安建醮。

　　2000 年歲次庚辰，新興宮啟建七朝王醮，委請林良太打造一艘「新興號」王船，長約 60 尺、寬約 15 尺（圖 4-62）。

（二）湖內

　　湖內大湖碧湖宮建於 1800 年（嘉慶
5 年），主祀池府千歲，同祀李、吳、
朱、范府千歲，為南鯤身代天府的一間分
靈廟宇。當地流傳「大湖香，宿蕭壠」的
諺語，所謂「大湖香」講的就是大湖碧湖
宮之進香，諺語是說昔時每三年一次到南
鯤身代天府的徒步進香活動，往返時都會
先在蕭壠金唐殿夜宿一晚，曾經一度因為
太平洋戰爭期間而「斷香」。後來恢復，
但 1987 年到南鯤身代天府進香已經改為
搭車進行了。其後斷斷續續，2000 年、
2012 年依神示賡續辦理。

　　2000 年歲次庚辰，碧湖宮啟建五朝
王醮，委請林良太打造一艘「碧湖號」王
船，長 33 尺，寬 10 尺（圖 4-63）。

▲ 圖 4-63
2000 年林良太為高雄湖內大湖
碧湖宮打造的王船／陳宏田攝

（三）永安

1、永安竹仔港天文宮

　　永安竹仔港天文宮位於永安區維新里 [48] 保安路 5 巷 4 號，主祀徐府
千歲。

　　1947 年茄萣金鑾宮啟建戰後第一科王船醮，金鑾宮旁郭姓住戶有

▲ 圖 4-64
1999 年林良太為永安天文宮打造 72 尺超大型王船「道元輪」／林育徵提供

▲ 圖 4-65
1999 年林良太在廟埕專注地凝視著自己完成的 72 尺超大型王船「道元輪」／林育徵提供

主祀徐府千歲之私壇，由於徐府千歲獲取王醮代天巡狩千歲爺職守，民眾嘖嘖稱奇[49]。1958 年郭姓住戶南遷至此開築魚塭，於 1959 年創建簡陋廟宇奉祀，經過 1979 年擴建，如今占地約 3 公頃，是永安區廟宇面積幅員最遼廣者。

天文宮王醮都是請示王爺而舉辦，並沒有固定週期的醮典。建廟至今，共舉辦過 1975 年（75 尺）、1999 年（72 尺）、2007 年（52.37 尺）、2012 年（50 尺）四科醮典，這四科林良太都有參與建造，而且都是屬於大型王船。

1975 年高雄永安竹仔港天文宮的王醮大典是林良太人生中第一艘王船，沒想到第一次接觸王船工作就是一艘 75 尺的超大型王船，當時是與下茄萣糊紙師傅老乞伯仔徐典才及其團隊合作。

▲ 圖 4-66
1999 年林良太與彩繪師曹天助在 72 尺超大
型王船「道元輪」前合影留念／林育徵提供

▲ 圖 4-67
2007 年林良太為永安天文宮打造王船
「順平輪」／林育徵提供

　　1999 年永安天文宮舉辦己卯年五朝王醮暨水火醮，由林良太再度承造，也是超大型王船的「道元輪」（圖 4-64、4-65、4-66），船長 72 尺，船寬 20 尺，造價約三百萬元。不同於 1975 年第一次是與老乞伯仔徐典才的班底合作，這次是由林良太獨自帶著自己的班底一起完成。王船完成之後，林良太佇立在王船側邊許久，雙眼凝視著這艘超大型的王船，在空曠的廟埕前停放著一艘超大型的王船，身型高姚的林良太在整艘王船畫面中似乎顯得格外渺小。

　　2007 年丁亥農曆正月五日啟建五朝王醮暨水火醮，農曆正月十三日至二十一日舉行祝壽大典，農曆正月十八日（國曆 3 月 7 日）上午 5 點 30 分舉行送王（燒王船）儀式。這艘船長 52.37 尺，船寬 14.3 尺的「順平輪」（圖 4-67）王船就是由林良太打造。當王船出廠安放在廟埕後，即供民眾祭拜與添載，此次較特殊的是，廟方還採取讓民眾可以將心願書寫在祈願卡方式，添載於王船上面而隨王船燒化一起送上天庭。

　　並非定期舉辦的永安天文宮王醮，素以王船巨大而聞名全臺，2007年「順平輪」與2012年所打造的「進祥號」（50尺，圖4-68），雖然長度尚未達60尺以上的超大型王船之標準，但仍屬於40尺至60尺之間的大型王船。

根據報導，由於當地地勢低窪，又不時遇海水倒灌，每逢豪雨即淹水，所以每年都會向神明請示是否舉辦王船祭。天文宮距離海邊尚有一段距離，起航及燒王船儀式未在海邊舉行，而以沿途灑水象徵船行水路，2012 年信眾以繩索拉著「進祥號」王船至天文宮廣場前之定點處焚送，以祈禱消災解厄、祈安降福[50]。

▼ 圖 4-68　2012 年林良太為永安天文宮打造的王船「進祥號」／黃文博攝

▲ 圖 4-69　2002 年林良太打造「焰光輪」法船／林育徵提供

▲ 圖 4-70　2011 年林良太打造「錠光輪」法船／林育徵提供

178

　　除了王船之外，永安天文宮管理人洪正忠先生因為私宅所奉佛祖指示要打造法船，以圓滿功德，所以也請「太師」在永安烏樹林承作法船二艘，第一艘因有照片留存，由影像得知其造型十分特殊，船頭屬於漁船造型，船尾則為王船造型，圓底，船尾為閹雞尾型，外觀線條如盤子狀，打造於 2002 年，船長大約 20 幾尺，名為焰光輪（圖 4-69）；第二艘也是大約 20 幾尺，外觀線條則與 2002 年焰光輪完全不同，2011 年打造，名為錠光輪（圖 4-70）。

2、永安新港宮

　　此地原名「市仔寮」，過去並沒有寺廟，首屆村長蘇進表召集村民籌設公廟，1948 年落成，坐落於永安區新港里新興路 128 號，名為「新港宮」。主祀神係從南鯤身代天府分香五府千歲而來。

　　今廟貌 1973 年重建，1976 年重建完成。1979 年，林良太承製了永安「新港宮」二艘 30 尺長的王船。

（四）彌陀

　　「濟山宮」是彌陀漯底社區漁民的信仰中心，供奉五府千歲，而以李府千歲為主祀神。濟山宮建於 1930 年（昭和 5 年），1974 年重建。雖說是十二年一科建醮，但至今只舉行過兩次建醮大典。2012 年壬辰舉行五朝王醮，由林良太打造的長約 30 尺的王船於農曆十月十二日（國曆 11 月 25 日）出「王船廠」，農曆十月二十五日（國曆 12 月 8 日）於漯底濟山宮正門出發，隨著信眾把王船拖往南寮海邊，點燃金紙，熊熊火焰中王船飛昇天際。

（五）楠梓

後勁天母宮是一座新廟。祀奉媽祖，原為乾隆中葉陳亨自福建奉請而來，落腳後勁後一直由陳氏家族私祀。後因媽祖降爐指示，金尊重新開光點眼，乃於 1991 年正式名為「天母宮」，1994 年成立「天母宮（興建）委員會」，1998 年動土興工，1999 年入火安坐[51]。

後勁天母宮自建廟以來，於 2017 年丁酉科才首次啟建「王船醮」，而首次啟建就是「九朝王船醮」。2017 年農曆八月十一日王船廠破土，農曆九月九日上午 11 時取艍，隨即進行造艍（圖 4-71），農曆十月十日上午 11 時正式啟造王船，2018 年戊戌科，農曆十一月二十五日上午王船完工。由於這是後勁天母宮首度啟建王船醮，因而將王船命名

▲ 圖 4-71　2017 年林良太團隊為楠梓後勁天母宮王船湄洲壹號造艍／劉采妮攝

▲ 圖 4-72
2018 年（戊戌）後勁天母宮王船命
名為「湄洲壹號」／楊家祈攝

▲ 圖 4-73
王船造價新臺幣 180 萬元係由巨馨
機械有限公司捐獻／楊家祈攝

為「湄洲壹號」（圖 4-72）。「湄洲壹號」造價為 180 萬臺幣，由位
於桃園市蘆竹區巨馨機械有限公司（經營保麗龍機械、發泡膠機械與
EPP、EPS、EPE 成型機械）負責人洪清在、洪進惠捐獻（圖 4-73）。

　　與通常看到的「王船醮」不同的是，自王船建造完成、開光點眼，
至送王為止，竟然一共跨越三個年分。開光點眼是在戊戌年（2018）農
曆十二月十四日，請王是在己亥年（2019）農曆正月十二日（地點在後
勁雙溪口），送王是在庚子年（2020）農曆正月二十三日（地點在茄萣
海邊）。尤其是從請王（迎請王爺駐境）至送王（恭送王爺離境），長
達一年多，十分特殊（圖 4-74）。

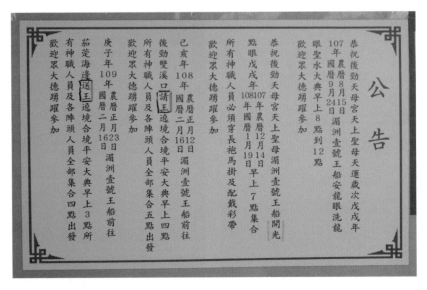

▲ 圖 4-74
自王船建造完成，至送王為止，一共跨越三個年分／楊家祈攝

（六）鳳山

位於高雄市鳳山區的中心、三民路傢俱街上的「雙慈亭」，為當地信仰中心，當地信眾稱為「大廟」。雙慈亭原主祀佛教的觀音菩薩，俗稱「觀音亭」，創建確切年代不詳，是鳳山地區最早創建的寺廟之一。1753 年（乾隆 18 年）時增建前殿，兼祀民間信仰的天上聖母，此後觀音反而退居後殿。由於觀音、媽祖二神皆為慈悲至聖的女神，故信徒將此廟宇稱為雙慈亭[52]，現今牌樓仍書刻「鳳邑雙慈亭」字樣。至於發現雙慈亭王船是林良太所打造，其過程如下：

2019 年某日，「太師」姪女林育徵到旗津旅遊，看到天后宮正在重建，便添了建廟基金的香油錢，向媽祖上完香之後欲前往金爐火化捐

款單，就在路過廟門時發現廟內有一艘只剩下幾枝骨架的老王船，大約也有 6 尺，好奇之餘，她與廟宇修復的工程包商員工閒聊，員工談到與旗津天后宮的老王船差不多大小的，鳳山雙慈亭也有一艘，是大約有 6 尺的永祀王船，聽說是委託茄萣一位林姓師傅打造的。於是林育徵詢問雙慈亭廟方為何會供奉永祀王船？何時開始？據廟祝口述，是聖母所指示，因為廟裡供奉有五府千歲，所以必須於「中軍府」內擺放一艘王船。2017 年雙慈亭委託承包商，承包商找到「太師」承造，但並未向「太師」說明這是哪一間廟宇的需求。2017 年 8 月「太師」完成王船，交件給承包商後，一方面雙慈亭開始供奉著林良太所打造的永祀王船（圖4-75），但另一方面「太師」從此不知其承製的這艘王船到底漂向何方？落在何廟？這次能意外地發現雙慈亭王船，林育徵認為或許是旗津天后宮媽祖的旨意吧！

▲ 圖 4-75　2017 年林良太為鳳山雙慈亭打造之永祀王船／林育徵提供

三、臺南、高雄以外之縣市

（一）嘉義市

　　嘉義市北門口先天宮位於林森西路 7 巷 19 號，創立於 1975 年，主祀五年千歲。主任委員林塗虱奉獻自己土地十坪建廟外，1999 年也委請林良太打造一艘永祀王船，供奉於宮內。

　　為何找上林良太王船師，主任委員林塗虱說是經由臺南廟宇方面人士之介紹。至於王船供奉之因緣為：

己卯年（1999 年）十月，五年千歲指示，建造王船一艘（長度 6 尺 6 寸）供奉在廟內虎方，供十方善信朝拜，王船中有一座廟，廟內邢府千歲鎮守，船上有 36 水手將、神馬、義犬、進士牌（筆者按：應稱「執事牌」[53]）、鑼、鼓、娘傘（臺灣民間大多寫作「娘傘」，然清代臺灣文獻都寫作涼傘[54]）、神轎、兵器、鼎、灶、碗、筷、米包、糖、鹽、五穀、王船水，其中米包、糖、鹽、五穀、王船水（取海水與淡水交界之水），各位善信可求回使用，五年

▲ 圖 4-76
1999 年林良太為嘉義市北門口先天宮打造永祀王船／林育徵提供

184

千歲會保佑合家平安，萬事
如意，生意興隆[55]。

王船（圖 4-76）雖然不大，但
是巡狩王爺辦公應備項目、民生
物資等添載俱全。

（二）嘉義縣東石

位於東石鄉猿樹村 246 號的
東石先天宮，主祀五年千歲十三
王爺，依吳加發總幹事的說法，
先天宮王船祭歷史將近百年。當
地居民傳說，當時的王船「捷泰
利號」，是 1925 年（大正 14 年）
由福建泉州富美宮放漂而來。

2014 年東石先天宮打造一
艘 40 尺「全原木」王船，取代
過去的傳統竹骨紙紮王船，由縣
長張花冠主祭、立委陳明文與
祭[56]。2017 年東石先天宮打造
的是大型王船，亦是由林良太所
承造，長度更是超過 50 尺，高
約 18 尺，王船經請示神明命名
為「東泰利」（圖 4-77、4-78、
4-79）[57]。

▲▲ 圖 4-77
經請示神明命名為「東泰利」的東石
先天宮王船／劉采妮攝

▲ 圖 4-78
2017 年林良太所承造東石先天宮王船
／劉采妮攝

▲▼ 圖 4-79　2018 年林良太打造東石先天宮王船準備送王／黃文博攝

（三）雲林縣口湖

雲林縣口湖鄉台子村口內共有天臺宮、地藏庵、蚶仔寮萬善祠、福德祠四座廟宇。其中天臺宮主祀天上聖母，地藏庵主祀地藏王菩薩，兩座廟宇相距不過百公尺，與蚶仔寮萬善祠，三座廟都是當地村落王船信仰的廟宇。

1、台子村天臺宮

天臺宮過去均每兩年舉辦一次燒王船祭典，但 2008 年辦完之後停辦了兩次（2010、2012 年）王船祭，直到 2014 年天臺宮再恢復。

2、台子村地藏庵

地藏庵王船祭是不定期的，日期是農曆七月二十八日、二十九日兩天。第一天遷船遶境，第二天農曆七月二十九日地藏王聖誕日舉行送王。2016 年農曆七月二十九日（8 月 31 日）送王之王船就是由林良太所承造（圖 4-80）。

3、蚶仔寮舊港邊萬善祠

2018 年（戊戌年）11 月 20 日口湖蚶仔寮舊港邊萬善祠恭送代天巡狩王船，王船名為「順天號」（圖 4-81）。

（四）彰化縣員林

員林鎮衡文宮建於 1966 年，主祀神是玄天上帝，特色就是有全國第一大尊玄天上帝之稱的塑像立在廟宇屋頂後上方。2012 年經玄天上

帝聖示農曆十一月十三日至十八日（國曆 12 月 25 日至 30 日）舉辦「衡文宮壬辰年五朝王船醮大典」，以掃除五方煞氣，保佑居民出入平安。農曆十一月十七日舉行路祭大典。這艘長 36 尺、寬 12 尺、高 42 尺、員林歷史上第一艘王船，就是委託林良太所打造（圖 4-82、4-83）。

（五）苗栗通宵

1903 年（明治 36 年）8 月 11 日，苗栗外埔庄民在修理漁具時，看到接近岸邊的海面上，有一艘船體有彩繪裝飾的船漂抵岸邊，乃向當地派出所報案，經日本人調查之後，才證實這是一艘沒有搭載任何船員

▼圖 4-80　2016 年林良太在口湖鄉台子村地藏庵打造的王船／黃文博攝

▲▼ 圖 4-81
2018 年林良太在口湖鄉台子村蚶仔寮打造的王船／林良太提供

▲圖 4-82　2012 年林良太為員林鎮衡文宮打造完成之王船／林育徵提供

▲圖 4-83　2012 年林良太為員林鎮衡文宮打造完成之王船以拖板車運行
　　　　　／林育徵提供

與乘客而名為「金慶順號」的戎客船（三支檣），這一艘被當時苗栗外埔庄民稱為「神船」的船隻，就是臺灣西南沿海民間所慣稱的「王船」，且是一艘「遊地河」的王船。船頭左右兩側，書有「福建泉州府晉江縣聚洋（筆者案：實為『聚津』）舖富美境新任大總理池、金、形[58]、雷、荻、韓、章七王府彩船」字樣，甲板中央及船尾各有三個及四個神龕，供奉七尊神像與供物，並加以釘死。經外埔耆老解說，得知在晉江縣聚津舖及石頭港，於惡疫流行之際，有如下習俗，即以地方善男信女之施捨，購買一艘船，加以彩飾，祭祀各種神明與供物，然後放行出海，以消除該惡疫，此船稱為神船[59]。

1904 年（明治 37 年）通霄鎮白沙屯創設草廟，主祀王爺，當地信眾稱為「富美宮新大巡」。1967 年「五雲宮」落成，1989 年奉旨建造王船「富美新大巡」號王船一艘，永祀宮內。1992 年舉行五朝王船醮。2022 年適逢富美新大巡蒞臨白沙屯暨建宮 120 週年，2018 年農曆九月十五日朱天大千歲聖誕慶典時，文法主公降旨指示建造王船與尺寸，並委請林良太打造王船。2019 年 3 月 30 日 13 點於新北市石碇區進行王船取龍骨，同年 3 月 31 日 7 點於白沙屯五雲宮廟埕進行王船龍骨開光。11 月 6 日，「順安號」王船（26 尺）舉行開光點眼儀式。

（六）花蓮市

花蓮市明義街的代天府，供奉五府千歲，是由臺南北門南鯤身代天府分靈而來。1966 年臺南遷居花蓮之民眾先恭請吳府千歲奉祀於草寮，1974 年建廟之後，陸續迎請四府千歲入廟供奉。第一次啟建王船醮典是 2003 年，第二次啟建相隔十二年，是為「乙未年祈安五朝王船醮」祭典。2015 年乙未這艘王船（圖 4-84），花費數百萬，以樟木為船材，製造出長 42 尺、寬 12 尺 8、高達兩層樓的大型王船，重達 3 噸，船首

繪以劍獅、雙龍護珠，船身繪以十二生肖、八仙、飛馬，船尾繪以龍鳳呈祥，圖案主題都寓含吉祥如意的民俗象徵。

　　2016 年民視新聞在花蓮代天府採訪來自高雄的王船造船技師林良泰（筆者按：應為林良太），報導 65 歲的他已經打造過二百多艘王船，堪稱全國唯一會造大型王船的人，可是王船終究要用火祭送上天，造船師傅說雖然功德圓滿，但是內心感觸很多 [60]。

▼ 圖 4-84　2015 年林良太所承造花蓮代天宮王船／黃巧惠攝

四、受委託承製典藏小型王船

（一）2003 年臺南市文化中心戎克船

　　1661 年鄭成功開臺，至 2003 年止，已逾三百年，2003 年臺南市政府特別舉辦鄭成功文化節，當時文化局長許耿修、文化中心秘書劉鎧暄委請林良太率領翁冬福與林文柱共同打造了一艘戎克船。

（二）2006 年林育徵典藏小型王船

　　臺南市設計師林育徵是「羅曼菲時尚精品」負責人，除經營精品外，亦開發傳統廟宇文化之文創商品，如皮雕立體祈福天燈吊飾、皮雕立體王船等均獲得外界青睞。對於其尾叔林良太的手藝知之甚詳，認為其王船作品具有視覺表現力，因將之視為藝術品而加以珍藏。2006 年林育徵委請林良太打造一艘小型王船珍藏於店內，並視為「鎮店」之寶（圖 4-85）。

▲ 圖 4-85
2006 年林育徵委請林良太打造一艘王船作為私人典藏／林育徵提供

（三）2015 年大人廟張鈴宏典藏小型王船

　　2015 年歸仁仁壽宮主任委員暨乙未科建醮總董張鈴宏（1956 年次），邀請蔡英文主席與賴清德市長來參與致詞。當時除了仁壽宮請林良太打造一艘遊天河的王船外，也打造一艘「仁壽號」永祀王船。同年，張鈴宏又請林良太打造兩艘小王船，作為私人典藏品，其中一艘「齊天大聖號」王船於 2019 年借給安平區公所在圖書館展出（圖 4-86）。

（四）2015 年大人廟張董事長典藏小型王船

來自大人廟的張董事長（張興隆，泰興鑫塑膠有限公司代表人），於 2017 年保西代天府王醮時擔任總董。其蒐藏王船與仁壽宮張董事長同一年（2015 年）委任林良太製作，尺寸亦約相同。

（五）2018 年林益賢典藏小型王船

來自雲林口湖台仔窪（口湖鄉台子村舊稱「台仔窪」）的林益賢，以水產業為生，為口湖鄉台子

▲圖 4-86
2015 年仁壽宮張鈴宏主委典藏
「齊天大聖號」王船／楊家祈攝

村「福樂海產行」老闆，因家中祀奉鄢府千歲，對於信仰十分虔誠，也對民俗工藝頗有興趣，便向林良太訂製王船一艘來蒐藏，於 2018 年完成，尺寸約 6 尺，材質以檜木為主，更包含船頭將、12 名阿班等搭配，是一艘十分完備的王船，特別的是該艘王船僅塗上保護漆，並未像一般王船多彩繽紛。

第三節　承製王船之地域分布分析

　　林良太承製的王船所委託的廟宇橫跨各縣市，船數數量最多的是分布在原臺南縣，其次是原高雄縣，再次是原臺南市。然後向北拓展，延伸到嘉義縣、雲林縣、彰化縣、苗栗縣，新竹縣以北就很難找到其船跡，主要是因為臺灣迎王祭典活動本來就只盛行並分布於雲嘉以南的西南沿海，新竹縣以北沿海區域相對地就較為罕見。而屏東縣的迎王祭典活動雖然也非常盛行，各類型的祭典活動至少有二十餘處，大型者就有東港、南州、小琉球三處，小型迎王祭典也至少有 18 處以上[61]。但林良太的王船卻未曾見於這些盛典之中，主要是因為屏東縣迎王祭典有自己的王船系統與承造團隊，而且每間廟宇都有自己屬意與長期配合的王船匠師。無論是出身於茄萣白砂崙的蘇春發、下茄萣林良太，或是將軍馬沙溝的陳明山、將軍青鯤身造王船的王氏家族（包括王神助［臭耳人仔］、王聰明［天城師］和王文傑祖孫三代）、安定蘇厝謝福水等人都很難跨越高屏溪而進入屏東縣的王船承造領土。例如有「王船鬼才」之稱的蘇春發，其「船域」雖然廣大，曾北到桃園市、新竹、南投，甚至是到達離島澎湖，但在屏東縣內也很難找到其船跡。

　　因此，林良太與蘇春發兩人堪稱是臺灣王船承造之地域分布最廣的王船師，林良太目前橫跨了原高雄縣、原高雄市、原臺南市、原臺南縣、嘉義市、嘉義縣、雲林縣、彰化縣、苗栗縣與花蓮縣十個縣市。可以這麼說，除了澎湖縣與屏東縣有自己長久以來的王船承造系統以外，在臺灣迎王祭典最為盛行的幾個沿海縣市區域，幾乎都可以發現林良太王船的船跡。

　　林良太承造的王船多集中於原臺南縣的鄉鎮區域內，包括有北門、

將軍、七股、佳里、西港（以上鄉鎮於日治時期為北門郡所轄，戰後北門郡改稱北門區）、安定、玉井（以上於日治時期為新化郡，戰後改稱新化區）、柳營、東山（以上於日治時期為新營郡，戰後改稱新營區）、仁德、歸仁、關廟、永康（以上於日治時期為新豐郡，戰後改稱新豐區）等 13 個鄉鎮。其中最大宗是集中在北門郡，因除了學甲以外，其他五鄉鎮都找得林良太王船的蹤跡。學甲大廟是慈濟宮，上白礁謁祖祭典為學甲慈濟宮最重要的年度祭典，在舉行謁祖祭典之前，慈濟宮會與境內十三庄廟宇、交陪廟的神轎、陣頭於學甲市區及中洲地區進行遶境活動，每四年擴大舉行刈香儀式，俗稱為「學甲香」。而無論是上白礁或學甲刈香活動，都與王船祭儀無關，所以當然找不到林良太的船跡。其次是新豐郡，仁德、歸仁、關廟、永康四鄉市（縣市合併後改為「區」）都屬於不定期的王醮祭典型態，其中仁德、歸仁、關廟所形成的「南關線」王醮祭典，可說是可與曾文溪流域的王醮祭典相互媲美的區域。在臺灣民間王醮盛典中原臺南縣一直以來就是迎王祭典活動的大本營，迎王祭典活動規模盛大與舉辦廟宇數量眾多，堪稱獨步全臺，而原臺南縣王船大多數是由林良太承作。

以林良太承造王船的委託廟宇數量來看，新豐郡雖然只有四個鄉（區），卻共有九座廟宇委請過林良太打造王船，數量最多，包括仁德蔦松腳開農宮、仁德大甲萬龍宮、仁德十三甲武德宮、仁德田厝水明殿、歸仁保西代天府（大人廟）、歸仁仁壽宮、歸仁歸南北極殿、關廟山西宮、永康大林心福殿。其次是北門郡五個鄉鎮（區），共有七座廟宇委請過林良太打造王船，包括北門蚵寮保安宮、北門三寮灣東隆宮、將軍馬沙溝李聖宮、將軍青鯤身朝天宮、七股十份金德豐正王府、佳里金唐殿、西港慶安宮。第三位是臺南市，共有五座廟宇委請過林良太打造王船，包括安南區鹿耳門天后宮、北區朝天宮（私壇）、中西區崇福宮、

中西區武英殿、南區喜樹萬皇宮。

委請過林良太打造王船的廟宇依上表之統計至少有 45 座，除了東山田尾慈麥宮、玉井顯正殿、永康大林心福殿、北區朝天宮、天文徐府鹽埕王千歲壇五座是私壇性質，另有兩座私人佛寺；其餘 38 座廟宇都是公廟。

以廟宇主祀神來看，38 座公廟共有 23 座廟宇是以王爺為主祀神者，位居首位，符合一般人對於王爺信仰有造王船、迎王送王儀式的印象；其次主祀神是天上聖母，有六座（西港慶安宮、安南區鹿耳門天后宮、頂茄萣賜福宮、楠梓後勁天母宮、鳳山雙慈亭、口湖台子村天臺宮）；再次是玄天上帝，有三座（歸仁歸南北極殿、中西區崇福宮、員林衡文宮）；其他主神者各有一座（神農大帝、保生大帝、武財神、水仙尊王、關聖帝君、地藏王菩薩）。

以臺灣王船規模大小來看，筆者認為至今臺灣木造王船可以分成以下四種規模：小型（船長 20 尺以下）、中型（船長 21-40 尺）、大型（船長 41-60 尺）、超大型（61 尺以上）。以王船規模大小來看，林良太所造數量最多者為中型王船，由於大型甚或超大型王船所需經費龐大，所以中型王船已經成為臺灣各地廟宇王醮活動中最為常見的規模。目前所知，超大型王船在臺灣國內本來就十分罕見。根據蘇福男、蘇瑞展的研究，全臺最大者原本是 2012 年蘇春發為高雄下茄萣金鑾宮所打造耗資逾五百萬元的王船，全長 70 尺、寬 14 尺、高 5.8 尺，堪稱歷來最大艘。2014 年蘇春發的團隊（郭岩山、陳英修）一起為新竹縣竹北市南天府王打造船長 81.7 尺、寬 16 餘尺的大王船，再度打破全臺紀錄，轟動一時[62]。而事實上，林良太在高雄永安天文宮也打造過 72 尺、75 尺的超大型王船。值得一提的是，75 尺的超大型王船是林良太 24 歲（1975

年）所打造的，是當時全臺最大者，2012 年蘇春發為下茄苳金鑾宮所打造全長 70 尺的王船，還是稍小於 1975 年林良太為永安天文宮所打造的王船，這樣的紀錄持續了將近 40 年，2014 年才被竹北市南天府 81.7 尺長的超大型王船所取代。至於非典藏性質或觀賞用的王船，林良太於 2012 年為天文宮分壇「天文徐府鹽埕王千歲壇」所打造 2.8 尺的王船（圖 4-87），尺寸之小，雖不敢說是絕後，但絕對是空前。

▲ 圖 4-87　僅有 2.8 尺超迷你的王船已經火化／林育徵提供

　　林良太回憶說，1977 年長子林聖彬出生，他正好在打造王船，當時孩子出生都不能接近老婆、孩子，所以一直留在王船廠，等到王船建造完成後才能回家看第一個出生的兒子。第二個孩子是女兒，1978年林瓊芬出生，林良太記得很清楚，那一年正好是他開始陸續接到私壇要製造王船的工作，私人佛寺委託兩艘 30 多尺的法船定功輪、協功輪要他承造。另外 1975 年至 1985 年期間，茄萣附近的漁家所經營的私壇，或是幾家捕魚人家、漁民會一起扶興達港三清宮主公（主祀神明武王千歲）、扶茄萣金鑾宮主公（主祀神明天上聖母）、茄萣人也扶東石先天宮主公（主祀神明五年千歲），在海岸邊所搭建的魚寮中供奉主公，搭寮的漁民出海如果漁獲豐收，就會建造王船答謝神恩。光是在海邊所搭建魚寮，祈求「主公」漁獲豐收委請林良太打造的王船，數量亦相當可觀。

1. 黃文博《佳里金唐殿蕭壠香》（臺南：臺南市政府文化局，2014），頁 88-89。

2. 黃文皇《歸仁仁壽王醮祭典暨遶境》（臺南：臺南市政府文化局，2017），頁 67-69。

3. 林偉民〈保西代天府王船出廠　湧朝聖人潮〉，《中華日報》，2017 年 11 月 9 日。

4. 蕭瓊瑞、徐明福《雲山麗水——府城傳統畫師潘麗水作品之研究》（宜蘭：國立傳統藝術中心，2001），頁 38。

5. 2019 年 2 月 28 日於臺南市永成路「昌達寺廟彩繪社」訪談曹天助。

6. 蕭瓊瑞《府城民間傳統畫師專輯》（臺南：臺南市政府，1996），頁 74。

7. 蕭瓊瑞《府城民間傳統畫師專輯》，頁 33。

8. 劉映廷〈當代藝師劉家正先生門神作品之研究〉（臺北：國立臺北藝術大學建築與文化資產研究所碩士論文，2012），頁 40。

9. 林保堯〈臺灣傳統建築彩繪畫師——人間國寶劉家正〉，《藝術家》496 期，2016 年 9 月號。

10. 蕭瓊瑞《府城民間傳統畫師專輯》，頁 33。

11. 郭書宏〈二位彩繪大師拼場對作　復原元清觀〉，《人間福報》，2011 年 8 月 22 日。

12. 劉映廷〈當代藝師劉家正先生門神作品之研究〉，頁 44。

13. 2019 年 2 月 28 日於昌達寺廟彩繪社（臺南市南區永成路二段 490 巷 587 號）訪談曹天助。

14. 2019 年 3 月 4 日於曹天助自宅訪談曹天助。

15. 2017 年東石先天宮的王船是由林良太承造，並請外號「王船發」的王船彩繪匠師曹天助和師承國寶彩繪畫師潘麗水的廟宇彩繪名家蔡龍進彩繪船體龍鳳、十二生肖及八仙，形體生動，色彩鮮豔（見林宜樟〈東石 17 公尺大王船　名家手工彩繪〉，《自由時報》，2017 年 5 月 10 日；林宜樟〈嘉義東石先天宮王船完工　華麗驚人〉，《自由時報》，2017 年 5 月 29 日）。

16. 林偉民〈曹天助彩繪王船廟宇 50 年〉，《中華日報》，2016 年 2 月 28 日。

17. 林偉民〈彩繪師曹天助　有子傳承技藝〉，《中華日報》，2017 年 10 月 29 日。

18. 廖武治〈福爾摩沙遺產——臺北大龍峒保安宮：聯合國教科文組織 2003 亞太文化資產保存獎得主〉，《世界遺產》4 期，2009，頁 48-56。

19. 「松雲畫會」創立於 1988 年，目前有會員主要來自南部地區的雲、嘉、南、高等縣市，由一群熱愛鄉土，喜歡水墨畫、書法的各級學校老師、主任、校長、寺廟彩繪師組成並舉辦書畫聯展。

20. 2019 年 8 月 29 日鐘銀樹彩繪師接受訪談口述記錄。

21. 蔡志祥〈北門鄉蚵寮聚落歷史變遷〉（臺南：國立臺南大學臺灣文化研究所碩士論文，2010）。

22. 黃文博《南瀛王船誌》（臺南：臺南縣政府文化處，2000），頁 248。

23. 陳宏田《臺南地區王爺信仰》（臺南：臺南縣政府文化處，2010），頁 245。

24. 楊金城〈東隆宮燒王船　寒風中逾千人送王〉，《自由時報》，2014 年 12 月 22 日。

25. 王卉宜〈馬沙溝地靈人傑　李聖宮回鄉朝聖逾 2000 人〉，《亞太新聞網》，2016 年 6 月 20 日。

26. 黃文博《南瀛地名誌·北門區卷》，（臺南：臺南縣立文化中心，1998），頁 163。

27. 陳宏田《臺南地區王爺信仰》，頁 287。

28. 黃文博《西港刈香》（臺南：臺南市政府文化局，2014），頁 77。

29. 2018 年戊戌科止，一般對於林良太在西港慶安打造的王船數量至共有兩種說法。第一說

是 13 艘，黃芳祿〈臺灣第一香開鑼！「西港香」今完成取寶艁大典〉報導指出：「取寶艁的取艁官林良太說，包括明年戊戌年在內，至今已為慶安宮千歲爺和媽祖建造第 13 艘的王船。林良太興奮說，42 年來為媽祖造王船是神聖使命，向來都是秉承虔誠的心為媽祖和千歲爺做事（見《臺灣好新聞》，2017 年 9 月 23 日）」李文生〈造王船傳承危機　臺灣造王船技藝 10 年內恐消失〉一文亦報導說：「高雄茄萣漁村出身的造王船師父林良太表示，他 13 歲時就開始當學徒學習造漁船，22 歲退伍就投入造王船工作，40 多年來，經由他雙手打造而成的王船超過 2 百艘，光是林良太在西港慶安宮 36 年來建造的王船就有 12 艘。」（《NOWnews 今日新聞》，2015 年 1 月 6 日）若加上 2018 年戊戌科，也是 13 艘。第二說是 12 艘，見黃文博《西港刈香》指出：「迄今 2012 年，林良太已為慶安宮建造 10 艘王船。」（頁 77）若加上 2015 年、2018 年則為 12 艘。

30. 謝進盛〈安定蘇厝真護宮燒王船　3000 人「送王」〉，《聯合新聞網》，2015 年 4 月 13 日。

31. 戴文鋒《臺南市市定無形文化資產訪查及評估計畫成果報告書》（臺南：臺南市文化資產管理處，2018），頁 274。

32. 黃文博《南瀛王船誌》，頁 274。

33. 楊金城〈臺南柳營代天院王船打造好了〉，《自由時報》，2014 年 11 月 17 日；王涵平〈柳營代天院王船出廠　市長開光〉，《自由時報》，2014 年 12 月 3 日。

34. 楊金城〈神奇！柳營代天院鑼壇　最後一天才同意建醮〉，《自由時報》，2017 年 9 月 29 日。

35. 劉采妮〈玉井顯正殿「玄元金龍大法船」　接引有緣人登龍船〉，《臺南市旅遊新聞》，2013 年 8 月 4 日。

36. 劉婉君〈金龍法船開光　募護持男女〉，《自由時報》，2013 年 5 月 25 日。

37. 曹婷婷〈顯正殿金龍大法船　亞洲第一〉，《中國時報》，2013 年 5 月 25 日。

38. 陳奮雄《仁德鄉志》（臺南：仁德鄉公所，1994），頁 965。

39. 另據黃文博的調查，他當時訪問開農宮王炳煌主委，王主委說 1981 年的王船是澎湖籍的造船師所建（黃文博《南瀛王船誌》，頁 302）。

40. 黃文博《南瀛王船誌》，頁 317。

41. 黃文皇《歸仁仁壽王醮祭典暨遶境》，頁 67。

42. 林偉民〈依比例打造　歸仁仁壽宮縮小版王船供觀賞〉，《中華日報》，2016 年 1 月 24 日。

43. 吳俊鋒〈王建民老家關廟山西宮建醮　王船出澳「試航」〉，《自由時報》，2018 年 10 月 19 日。

44. 陳治交〈鹿耳門天后宮通寶　寓意吉祥〉，《中華日報》。2015 年 3 月 8 日。

45. 2019 年 2 月 13 日訪談林育徵，並由其提供照片。

46. 中西區民族路三段 51 號，亦奉祀玄天上帝，與崇福宮僅有 180 公尺之隔，崇福宮在忠孝街口，聚福宮在海安路口。

47. 張明發《佛頭港崇福宮沿革廟誌》（臺南：臺南市崇福宮管理委員會，2014），頁 4、15-16。

48. 清代本地屬於維新里所轄，因而行政區即以「維新」為名，名為「維新村」，縣市合併後改為「維新里」。

49. 蘇福男〈永安天文宮爭設典藏墨寶展示空間〉，《自由時報》，2015 年 5 月 14 日。

50. 夏念慈〈永安王船祭　祈求遠離水患〉，《中央社》，20012 年 2 月 5 日。

51. 天母宮興建委員會〈後勁天母宮沿革概述〉（書刻於廟內龍邊廟壁），1999。

52. 1828 年（道光 8 年）〈重修雙慈亭碑記〉曰：「慈何以名？取慈悲之義而名之也。雙何

以名？是廟昔奉觀音佛祖，迨乾隆癸酉年（按：即乾隆18年）增建前進，兼祀天上聖母，故名之曰『雙慈亭』。」（黃典權《臺灣南部碑文集成》〔臺北市：臺銀，1966〕，頁239。）

53. 有關「執事牌」在臺灣民間被誤稱為「進士牌」的情形，可參閱蘇峯楠〈臺南地區寺廟儀仗器物之研究〉（臺南：國立臺南大學臺灣文化研究所碩士論文，2008）一文。

54. 戴炎輝《淡新檔案選錄行政編初集》（臺北市：臺銀，1971）「迎接新任臺澎掛印總鎮需用物件之清單」記載：飛龍一對、飛虎一對、掌扇一枝、涼傘一枝，烏、紅帽各一對，吹手六名、後勇八名，紅、綵衣劊子手二對。連橫《雅堂文集》（臺北市：臺銀，1964）有詩曰：「滿城神佛喜交歡，涼傘頭旗數百竿。吾道已窮堪浩嘆，文衡聖帝也隨鸞。」描繪府城神誕遶境時，「涼傘」、頭旗數百支，布滿街道的熱鬧景象。

55. 〈臺灣諸羅山北門口先天宮往泉州富美宮謁祖奇緣紀實〉，《中華民國一〇八年嘉義市北門口先天宮五年千歲廟農民曆》（嘉義市：北門口先天宮，2019）。

56. 〈嘉縣東石先天宮 5年一度王船祭〉，《中時電子報》，2014年12月7日。

57. 宜樟〈嘉義東石先天宮王船完工 華麗驚人〉，《自由時報》，2017年5月29日。

58. 依戴瑋志〈王爺、神將與鸞堂──邢府千歲信仰在東港〉（《屏東文獻》13期，2009，頁192-205）一文的研究，有關邢府千歲的身分來歷至少有邢鵬、邢昺、邢蒯瞶與邢明德等四種說法。筆者認為「形」應是「邢」的誤寫，在臺灣民間信仰中「邢」府亦經常被誤寫成「刑」府。而泉州富美宮的邢府千歲是邢明德，臺灣民間邢府千歲信仰的主要區域是在臺南、高雄、東港與臺東。

59. 戴文鋒《重修屏東縣志・民間信仰》（屏東：屏東縣政府，2014），頁138-139。

60. 〈打造大型祭典王船 林良泰師傅全國唯一〉，《民視新聞・在地真臺灣》，2016年1月24日。

61. 戴文鋒《重修屏東縣志・民間信仰》，頁91。

62. 蘇福男、蘇瑞展《造王船的男人──蘇春發的工藝與工班》（高雄市：高雄市立歷史博物館，2016），頁35。

第五章

結論

　　中研院民族所研究員劉枝萬（1923-2018）不僅是臺灣道教與民間信仰研究先驅，也是臺灣民俗研究的重要奠基者，由於他長期研究臺日之間的道教和民間信仰受到日本的重視與肯定，2015 年因其促進臺日學術交流之貢獻而獲得日本天皇頒發「旭日小綬章」，曾被日本駐臺代表沼田幹夫授勳時，稱他為協助臺日交流的大恩人。劉枝萬在其所著《臺灣民間信仰論集》一書對於王船在民間信仰的意涵有非常深刻的看法：

> 王船不僅為瘟王及其他諸神乘坐航海之交通工具，其建設工程，原由廠官爺負責，船匠不過聽命於神，代行其事而已。船之本身向被視同神體，神聖而不可侵犯；現在臺灣廟宇中，常有供奉神船，朝夕膜拜，仍沿大陸之俗者，顯然成為民間信仰之對象。故建造王船是醮事之先聲，為吉祥開端，必經一連串繁複儀式[1]。

　　劉枝萬認為，王船本身一向被信徒視為神聖不可侵犯的神體，在臺灣廟宇中建造王船是王醮將要舉辦之先聲。王船之重要性與神聖性如同神體一般，在上述這段文字中闡述得淋漓盡致。事實上，經過基礎訪查與田調資料顯示，林良太的「神船」是源自「人船」，從茄萣的成功國小畢業後，沒有繼續升學，13 歲就已開始啟動他的「漁船人生」，被二哥林上海帶到安平，進入日系師傅陳拐岸創辦的航裕造船廠當學徒，跟隨老闆陳拐岸學習製造木殼船舶技術。

　　對於王船工藝與傳統造船技術有深刻研究的成大系統及船舶機電工程學系教授陳政宏認為，木造王船師為臺灣傳承與保存了部分古老的漁船造船技術。他說：

現在的王船師傅也根據造木船的經驗，繪製設計線圖。線圖繪製方式已經是現代造船工程的畫法，包括側視圖、水平剖面圖及橫剖面圖等三個剖視圖。臺灣木造漁船接近尾聲的 1970 年代起，開始回復以木造船的方式製作王船，因而也幸運地為臺灣傳承與保存了部分古老的技術。無論是傳統的中式帆船，還是引用現代技術的木造漁船，我們對這些技術的演進、引進與融合、發展，及其與社會的關係，瞭解的還是太少，有待大家的努力。而由這些發展歷程的回顧與反思，也或許能為將來造船技術的發展與走向，有所啟發。

接著又提到：

臺灣的木造漁船技術到了二十世紀以後受到日本人引進現代造船技術的影響，不只在機器方面現代化，一些結構與木材連接的方法也現代化，因此木造漁船師傅的工法與船型、結構不完全是傳統中式帆船的技術，他們自己也仍待考證[2]。

上述「木造王船師為臺灣傳承與保存了部分古老的漁船造船技術」之言論，確實精準而到位，點出了「木造王船師」之重要歷史地位。陳政宏教授提醒了我們研究臺灣木造王船技術時應該注意到木造漁船技術對其影響，在 1970 年代具有質量輕、強度大、不腐蝕、易塑型等特性與優勢的 FRP（玻璃纖維）船舶技術興起之後，木造漁船的傳統造船技術面臨重大失傳危機，而臺灣木造王船製作無論在工法與船型、結構、技術各方面，到底有哪些是仍然保留了原來木造漁船的傳統？有哪些是創發自現代的？有哪些是參雜的？恐怕是值得更一步去剝絲抽繭的，更是三言兩語無法說清楚講明白的。

　　FRP（玻璃纖維）雖有強度大、不腐蝕、易塑型等特性，但林良太認為 FRP 材質並非完全沒有缺點。就對於巨浪的衝擊而言，FRP 有點硬碰硬，大浪強浪一來，FRP 會有船頭被高舉而重摔的感覺，木船則因木材本身具有柔軟性與延伸性，船頭被高舉之後而降下感覺比較「軟力」，林良太頗有自信地說 [3]。

　　針對陳政宏教授提出的問題：「王船製作無論在工法與船型、結構、技術各方面，有哪些是仍然保留了原來木造漁船的傳統？」筆者向林良太請教漁船、王船製作之異同。他說漁船是供漁夫使用，使用的木材較為高級，通常為四角底（平底），尖底較穩、平底易晃。其漁船技藝來自安平師傅陳拐岸的教導，安平製船工藝除傳承自清朝原有的造船技法外，也因日本人開設船廠而引進日本技法。王船技術與漁船技術大同小異，例如小型漁船由於空間不足，一般是沒有隔艙（隔堵）的必要與需求，但中、大型漁船一定都會有隔艙（隔堵）之結構要求，必須用隔艙板將船艙分成若干個互不相通的獨立艙室，即在甲板下面隔出各種空間，用來承載貨物或是船員休憩處所，有大堵、二堵、三堵、前堵、尾櫃等，一方面可以供船員進出休息，一方面可以放置魚箱、冰桶箱、工具箱等或作為冷藏室、引擎室等空間。每一船艙的銜接部位都必須達到完全密合、堅固與零滲漏的要求，特別是船身的前三分之一的艙室，要求更是嚴謹 [4]。

　　之所會如此嚴格要求，實因「行船走馬三分命」，騎馬落馬可能因此受傷或是致命，但航海行船之危險性較之陸上騎馬則有過之，因為以海為家的船員生命更面臨了狂風巨浪、暴雨強降種種天氣不測的威脅。當船舶遭遇意外撞擊時，通常是在船身前三分之一的船頭位置受創機率最大，這也是為何前三分之一的艙室對於密合、堅固與零滲漏的要求特

別慎重嚴格的原因。隔出船艙除了是一種不同空間的區隔與利用之外，其實也是讓船艙萬一受損進水時能將損害降到最低程度，以使其他獨立艙室保有一定完整性與密合性，船隻航行得以繼續。

王船是供給神明使用，由於廟方經費的關係，選用的木材較為一般，為弓蕉底、弓蕉肚（圓底），較能破浪。至於王船是否必要隔艙，全然看廟方的需求與王船之大小考量，沒有必然性。一般廟宇或許是經費考量，所以對於王船並沒有隔艙的要求，但西港慶安宮長久以來都要求王船要有十三艙，後來許多廟宇也都跟進，如北門三寮灣王船本無十三艙，後受到西港慶安宮王船影響，也要求林良太做出「王船十三艙」[5]。

1974 年，中國進行大型海灣考古發掘工程，在福建泉州挖掘出一艘宋代古沉船，殘長 24.4 公尺，殘寬 9.15 公尺，排水量近 400 噸，載重 200 噸，是一艘首部尖、尾部寬、高尾尖底「福船」類型的海船。這艘古船採取「水密隔艙」技術，即用隔艙板將古船艙體分成 13 個獨立艙區[6]。筆者認為，「水密隔艙」技術在福船建構中早就存在，故有所謂「福船十三艙」之說，至於王船技師何時開始採用或借用福船十三艙的概念與技法來打造王船，逐漸形成所謂的「王船十三艙」的需求，雖然至今尚未獲得解答，但是一定是先有「人船」（福船）而後再有「神船」，「神船」始終是來自於「人船」，這樣的推想應該是毫無疑義的，因為無論是「神船」還是「人船」，其打造都是來自木殼船的傳統技術與技師。

筆者認為，如果要將「王船十三艙」與「福船十三艙」作一比較，從「人船」轉化運用到「神船」後，王船十三艙作法之宗教性、象徵性與裝飾性相對地較強，是作為王爺辦公、阿班（水手、操帆手、桅手或

修桅手[7]）生活起居之處，或是存放食糧生活用品等物之處，所以王船在送王燒化前會做「點艙」、「驗艙」儀式，以示王爺出航時萬物已經齊備、衣食無缺。永安天文宮 2007 年丁亥科啟建五朝王醮，王船長度為 52.37 尺，廟方要求船艙要林良太隔五艙（五堵），此一要求就有中大型木殼漁船隔艙（隔堵）之概念，但王船隔完五堵後，也要求在船體上再隔出王船十三艙，這時所打造的王船十三艙就是宗教性的、象徵性，水密隔艙防水滲入船體的概念就沒那麼強。

提到隔艙，讓筆者想起 2016 年梁芝茗〈東港迎王文化對傳統木造船工藝保存之影響〉碩士論文結論一再強調「東港木造王船的興建方式，其中水密隔艙、過水眼、捻縫、龍骨等結構技術，與其他國外已被聯合國教科文組織列為無形文化遺產的木造船技術類似，具有高度的保存價值。[8]」我想不止東港木造王船的興建方式，從訪談林良太所打造的臺灣各地區木造王船，都是源自「福（建）船」，所以也應同樣具有水密隔艙、捻縫、龍骨等結構技術。

林良太所打造的臺灣各地區木造王船其實就是紮紮實實的木造漁船，木造漁船所要求的龍骨構造、肋骨構造、板材銜接密合技術等，逐一複製而成為一艘艘王船，雖然最後是燒化掉，但王船建造歷程則如同漁船之嚴謹，所以林良太每一艘王船事實上都可以航行，航裕造船廠陳拐岸之子陳瑞宗（1960 年次）受訪時如是說。[9]

王船之打造與漁船最大不同是，王船具有很強烈的宗教性格，禁忌必須嚴格遵守，不可口出穢言，林良太說打造王船本來就是為神明做事，因此王船外型與船之內部結構，都要求嚴謹慎重、不可以有一點疏忽或隨便馬虎的心態，否則就是褻瀆神明。王船合船艙時會有入「銅幣」、「五寶」等宗教儀式與意涵，王船上面也一定會建造「王爺府」、

「媽祖廳」（媽祖樓）作為王爺、媽祖駐駕之所，這時就要依照船身大小與廟方需求而將王爺府、媽祖廳（媽祖樓）打造成「南式」（廟宇式、翹脊）或「北式」（宮殿式、平脊），漁船則不會有以上這些設施與宗教性格。在船型上，兩者也有很大不同，漁船為平底（四角形、前方是尖的），而王船為圓底（圓弧形、前方是扁的）。王船為圓底造型，此種圓底造型的王船，在林良太年輕時期跟隨老乞伯仔徐典才學習時，徐典才就已經指導出王船為圓底的特色，而徐典才所有紙紮王船的作品也都是圓底造型。另外漁船在臺灣各地的造型也不太一樣，例如東港漁船，船身較短，肥身，造型頭尾皆翹，可以抵擋落山風。其漁船主要用於釣黑鮪魚，此種釣法稱為「浮緄、釣緄（放緄）」也就是延繩釣法（longline fishing）。而從高雄梓官蚵仔寮以北一直到至安平，甚至臺南將軍、嘉義布袋沿海等地，這一帶的漁船都從事近海或沿岸漁業，船身相對修長，茄萣一帶多捕烏魚、其他則捕撈沿岸魚類 [10]。

緣起於鄰居糊紙師傅老乞伯仔徐典才的邀請與母親的央託，林良太因而進入王船建造的職域，1975 年起開啟了他一生為王爺建造王船的生涯。造王船的過程中，林良太心中已經有一份特別的道德標準，就是深植於他內心對神明崇敬的宗教信仰，這讓他對王船建造工程絲毫都不敢馬虎，雖然完成速度很快，但也得到所有委託建造王船的宮廟人員一致認同。他經常會擔心遭受到神明的懲罰，從接到訂單開始，一直到目送王船火化，「太師」配合醮典科儀及施工期程，認真專注面對每艘王船的細微末節，高姚身瘦的形影，在王船周邊飄來忽去，擔負著王爺交付重任！從建造第一艘王船至今，保守估計已經有超過二百艘王船，從他手中建造完成遊往神界完成神聖使命！這些王船添載著信徒虔誠心意，一艘艘在火焰中航向神域，又在信徒仰望期盼新的香科醮典，一艘艘王船被林良太師建造出廠，王船所編織出來的神明巡行世界，似乎已

建構成信徒內在信仰堅實的城堡，從信徒的故事中演繹出臺灣豐富
精彩的宗教文化特色。這樣的宗教文化盛事，三百多年來不斷地在
臺灣西南沿海上演著：

> 王船祭典是臺灣民間的習俗，已有三百多年歷史。臺南縣除

▲ 圖 5-1　2019 年林良太王船製作技術獲得高雄市無形文化資產暨保存技術保存者授證／楊家祈攝

西港外，安定、佳里、將軍、北門、柳營、仁德、歸仁、關廟、
永康等地，也都有王船活動，有的三年一科，有的十二年一科，
有的不定期舉行[11]。

林良太從茄萣沿海，或逐步南向、或往北延伸，總是在追逐王爺出
巡的科期中，一斧一鑿地建造出他王船的生涯，或固定、或不固定的「科
期」，林良太來回在王爺的信仰圈裡為神明差使。

以臺灣西南沿海為主，也曾經到東部花蓮代天府，帶著造船團隊穿
梭在神明指定的宮廟中打造王爺授命的任務，極為少數永祀王船是不用
火化的，大部分不火化的王船是鎮留在宮廟裡供信眾膜拜，少部分則是
民眾對王船的鍾愛而訂製典藏。擁有航裕造船廠建造木殼漁船專業資歷
的林良太，走入建造王船的領域，越做越順手、技藝純熟，也因此培訓
出幾位班底成員，但非常可惜的是，跟隨林良太學習造船的幾位成員，
因不良的嗜酒習慣，有的離開、有的死亡，建造王船團隊的新進學習成
員大都與林良太年齡相近，可以意想得到的是，傳承林良太造船技藝將
面臨後繼無人的窘境。

歸納出臺灣目前幾位傑出王船師的學藝經過，大概有如下共通點：
（一）都是 1940 至 50 年代出生，1943 年次的茄萣蘇春發、1945 年
次的安平陳金龍、1945 年次的東港謝春成、1948 年次的東港洪全瑞、
1950 年次的澎湖王旭輝、1951 年次的茄萣林良太，年紀現今約接近在
70-80 歲之間。而 50 多歲至 60 歲中年者，或 30 多歲至 40 多歲之壯年者，
較無名氣與經驗，傳承上雖不至於斷層，但技藝純熟度仍無法與上述王
船師相較。（二）都是 13 歲以後當學徒，開啟了學習造船之窗，例如
東港洪全瑞自幼受父親及兄長影響學習木工，並在 13 歲時至基隆學習
木造船技術。1984 年開始承製澎湖縣將軍村永安宮祭祀用王船，1985

▲ 圖 5-2
高雄市文化資產登錄證書／高雄市立歷史
博物館提供

年開始擔任東港三年一科乙丑科迎王平安祭典活動之王船製作組組長，承造王船已逾半世紀，2015年文化部將「木船製作修復技術」列為文化資產保存技術，而洪全瑞為其保存者。（三）一生都是一心一意專職從事王船打造工作，未曾離開神船世界，累積近半世紀的豐富造船經驗。四、都是出生於漁港海邊。

出生於高雄茄萣小漁村的林良太，祖父、父親、與幾位兄長皆以捕魚為生，他自呱呱墜地即伴隨漁船長大，13歲起學習打造漁船，也當過漁夫、修理過漁船，對漁船有濃烈的感情。1970、80年代起，臺灣造船工業由木結構逐漸走向玻璃纖維時代，這使一向堅持傳統且對木殼漁船情有獨鍾的林良太難掩愁容，30歲那年他離開安平，回到他熟悉的小漁村。當晚霞映照海面，紅光滿天時，他佇立港灣，想起他討海的父親、祖父，澎湃的浪潮衝擊著他的熱血，鹹甜的海水滲入他的心扉，於是他和朋友一起出海去了，往後有一年半的時間，他成為道道地地的「討海人」。然而被千歲爺圈點的「太師」，即使遠渡重洋終究得回航，33歲那年他還是得乖乖回到陸上，扛起木材，替千歲爺效勞去，從此他成為專職王船師傅。2016年林良

太王船製作技術獲得高雄市政府列冊追蹤，2019 年林良太王船製作技術獲得高雄市政府「無形文化資產王船製作保存技術保存者」的身分認定與肯定（圖 5-1、5-2）。

　　雖然林良太出生於高雄茄萣，但大多數委託王船製作的廟宇多分布在臺南地區，特別是西港慶安宮從 1985 年起就委託林良太承製王船，至今已有十餘艘。西港慶安宮主任委員黃勝家就說，西港慶安宮自 1985 年乙丑香科起，禮聘南臺灣王船技師林良太擔當重任，迄今（2017 年）已為慶安宮建造 11 艘王船，足跡遍布全臺，他巧手完成的王船，不下三百艘，有人戲稱已經可以組成一「無敵艦隊」[12]。2009 年西港刈香於被文建會（2012 年改制為文化部）登錄為國家「重要民俗」文化資產，因此 2015 年起文化部文化資產局針對重要民俗西港刈香核心價

▼ 圖 5-3
文物館中 5.1 尺的小王船／林育徵提供

▲ 圖 5-4
2018 年西港慶安宮王船造船師林良太與
王船一同前往繞境／林育徵提供

▲ 圖 5-5
與仁壽宮主委及委製的兩艘小王船合影
／林育徵提供

值之一的王船製作，編列預算補助西港慶安宮辦理「王船木造技術傳承
與紀錄保存」案，可見林良太王船技藝獲得了中央主管單位進一步的肯
定。2017 年臺南市文化資產管理處為了推廣民俗工藝，6 月開始於鄭成
功文物館舉辦「藝態萬千——民俗中的工藝特展」，也向林良太商借等
比例縮小的王船展出。

　　王船信仰重要的造船技師林良太，從他所完成的王船數量，即可
窺知南臺灣迎王祭典興盛，醮典儀式中非常重要且必備的民俗宗教聖
物——王船，1951 年次下茄苳的林良太，造船數量最多，經林良太估
算至少超過二百艘以上。這樣的歷史紀錄，恐怕已經是「前無古人，後
無來者」了！2017 年，他只需一個月就將歸仁仁壽宮的王船打造完成，
而歸仁保西代天府（大人廟），他更只花了 15 天時間，就將一艘長 46
尺、寬 12.5 尺、高 14 尺的王船打造完成，比曹天助與其兒子曹家輝的

▲ 圖 5-6
受主委邀請補簽名／林育徵提供

王船彩繪師團隊要花 19 天速度還要快[13]。

　　林良太跟隨航裕造船廠創辦人陳拐岸、王船糊紙師傅「老乞伯仔」徐典才學習，沿著學習的軌道，走入終生為神明建造帆檣、押瘟送神的造王船生涯，他人生中所建造的超過二百艘以上的木造王船，每艘建造的技術就是依照他在航裕造船廠所學習到的製造漁船技術，再經過糊紙王船師傅徐典才指導傳統王船之建造規制，以及配合支援的彩繪團隊，完成一艘艘造型古典華美的王船。一艘接著一艘，隨著千帆萬檣化作日之風、飛向天際時，緊接著龍骨開斧再起，這位造王船從不畫草圖，也不打現寸圖，把所有圖案都放在他的腦海中，在南臺灣王爺信仰祭儀所需的王船建造歷史中占有一席之地的王船師，被黃文博、黃明雅等人讚譽為是一位造王船之佼佼者[14]。

　　林良太師傅一生漂泊在各宮廟的王船廠，一艘又一艘的王船被建造，又在虔誠的信仰儀式中消失於熊熊的烈火焰光裡，而林良太在王船整裝齊備，駛進無垠的眼界盡頭，都會站立在遠處，目送他全心盡力所完成的王船離去，這是他為儀式送行，也為每一次的王船建造畫下完美句點。

從訪談田調與林良太技師接觸，每每都會受到一種從沒有到完成、從初始到完美、抓不到永恆的讚嘆而後的失落的情緒所感染，林良太一向都把王船船型烙在心裡，沒有任何紀錄，或許是在他的世界裡已經無法承載一艘艘王船轉眼之間化作飛灰煙滅的塵埃。

依據陳金龍觀察臺南地區各地王船樣式後提出如下看法，他說在每艘王船的設備中都有王府、媽祖樓、風帆（有別於一般帆船以功能性為主，王船風帆都以美感為重）等，並都是以安南區土城聖母廟及安平妙壽宮的兩艘王船作為範本模型。然而陳金龍源於學習過程對於中國古帆船建造的概念，加上在岳父李松「進松造船廠」中維修妙壽宮的王船過程中仔細觀察安平妙壽宮永祀王船，所以他與岳父所製作的每艘王船都會有獅頭咬劍安平特色。然而林良太認為，每家廟宇對於王船建造的造型、配置都不盡相同，他自己都是配合廟方需求或神明指示而製造，「獅頭咬劍」並不是不可或缺的彩繪造型，而他每一次的王船建造都是一種「客製化」工作。

林良太說：

當時接到老乞伯仔說要打造王船，就向航裕造船廠老闆陳拐岸
請了兩個月的假，我以自己打造漁船的經驗，加上老乞伯仔在
身旁口傳紙糊神船應有的形貌，沒想到第一次打造王船就將一
艘長達 75 尺的超大型的王船打造完成[15]。

因此，筆者認為林良太技師的造船技術與老乞伯仔徐典才的合作關係，只懸繫於王船就是一艘「神船」的「概念」而已。因為紙紮王船與木造王船無論是大小、尺寸、材質、用料、工序、結構、工具、工法等都不盡相同，因此我認為林良太應該是在承接了老乞伯仔的「神船」這

個概念指導，在自己已有的木殼漁船技術與經驗的基礎下，逐漸建立了一套屬於自己的王船建造技法，創造出他個人獨特的王船傳奇。

　　至於陳金龍所謂的「安平」王船師都以臺南市安南區土城聖母廟王船及臺南市安平區妙壽宮的王船「金萬安號[16]」為範本的說法，或許是多數安平木造王船技師的共同經驗，但這經驗並不適用於曾經在安平學習漁船、在自己家鄉茄萣學習王船打造的林良太。林良太反而是將老乞伯仔所傳授紙紮王船之規制與概念，藉著木殼漁船的技術與工法之題，加以自由發揮，1975 年全臺第一艘超大型王船於永安竹仔港天文宮閃亮登場，光是巨大本身就是一個令眾人瞠目結舌的驚嘆號！

　　林良太一生隨著王船造作，逐王船醮典而居，在西濱沿海各大廟宇，可以看見他來回的造船行跡，但因身負為王爺製造王船的神聖工作，因此他都必須個恪遵禁忌。年輕時期他的小孩一個個呱呱墜地，或者遇到家族有喜喪事，他都無法參與。由於在造王船的工作領域上他長期投入，敬業、認真、專注與不怕苦的精神更在冥冥之中獲得千歲爺圈選，所造王船備受各界肯定，近年來報章媒體也競相報導。在接受記者訪問時，林良太表示，建造王船要跟隨科技腳步，例如在船頭吃水線下方加上改良型的圓弧形阻水器，波浪般的造形讓船在海中行駛既快又穩。要學造王船的功夫，需要一點天分和不怕苦的精神，只要年輕人有興趣，他願意傳承[17]。林良太願意傳承經驗與手藝當然無庸置疑，然而當今社會到底有多少人心存「阿甘精神」才是問題。

　　因為過去千槌萬鑿、千鋸萬刨，因而成就現今「良藝太師」的王船世界，13 歲以前是「小孩與海」，13 歲以後至今已轉變成「老人與船」。就現階段回顧，「太師」每個階段的人生歷程與轉變都自有其意義。「良藝太師」之傳奇或許是源自於他一生願意並只專注從事一件事的性格，

▲ 圖 5-7　太師、王船與傳承班底／林育徵提供

從多次訪談中，我看到他目光永遠只有他的王船世界，接受訪談時他總是強調說打造王船時一定要放入感情。可惜的是，林良太在他製造王船的職涯中，僅有為數甚少的三個人長期跟隨著他學習造王船的技術與手藝，而其中一人已意外死亡，另兩位年紀也都接近或超過 60 歲了。林良太的造王船技術雖然得到委託寺廟的敬重與肯定，也為臺灣傳統民俗工藝留下一次又一次的讚嘆，但讚嘆聲僅於烈談後再度冷卻，眼看技藝傳承似有凋零之勢，這恐怕是林良太對於傳藝接手無人、新秀不起的最大遺憾吧！

1. 劉枝萬《臺灣民間信仰論集》（臺北市：聯經出版社，1983），頁338。

2. 陳政宏〈東港王船工藝與傳統造船技術〉一文，發表於《船》71期、72期，2010。

3. 2019年2月25日訪談林良太。

4. 2019年3月13日訪談林良太。

5. 2019年2月13日訪談林良太。

6. 〈宋代古船　見證泉州港〉，《人間福報》，2014年5月16日。

7. 黃文博認為「阿班」是王船修理船槍者，所以應稱「阿班」為槍手或修槍手。

8. 梁芝茗〈東港迎王文化對傳統木造船工藝保存之影響〉（屏東：國立屏東大學文化創意產業學系碩士論文，2016），頁165。

9. 2019年3月18日訪問陳瑞宗。

10. 2019年2月19日，筆者約林良太在其姪女林育徵設計師「羅曼菲精品」見面訪談所作記錄。

11. 黃文博《西港燒王船》（臺南：臺南縣政府文化局，2010）。

12. 施良達〈主任委員序文〉，《良藝太師——西港刈香王船木技術專書》（臺南市：西港玉敕慶安宮，2017），頁7。

13. 林偉民〈保西代天府王船出廠　湧朝聖人潮〉，《中華日報》，2017年11月9日。

14. 黃文博、黃明雅《臺灣第一香——西港玉勅慶安宮庚辰香科大醮典》（臺南縣：西港玉勅慶安宮，2001），頁63。

15. 2017年8月10日訪問林良太。

16. 號稱是1867年（同治6年）閩南造船師來臺打造，船頭獅為傳統張嘴獅，於海上航行有制煞、鎮風的功能，船身除一般常見的「烏穩」外表外，還有罕見的「白穩」，船身底部則為白色彩繪，並沒有任何圖案，造型特殊，與現今王船完全不同。

17. 李榮茂〈林良太船承好手藝　打造300艘王船　足跡遍及全臺〉，《國語日報》，2015年1月7日。

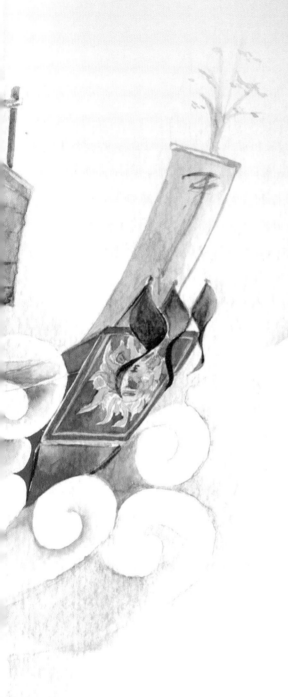

徵引書目

一、古籍與文獻

明

　　謝肇淛《五雜俎》，上海：中華書局，1959。

　　夏子陽《使琉球錄》，收於《使琉球錄三種》，臺北市：臺灣銀行經濟研究
　　室（以下略稱臺銀），1970。

清

1696（康熙 35 年）

　　高拱乾《臺灣府志》，臺北市：臺銀，1960。

1719（康熙 58 年）

　　周鍾瑄《諸羅縣志》，臺北市：臺銀，1958。

　　陳文達《臺灣縣志》，臺北市：臺銀，1961。

1736（乾隆元年）

　　黃叔璥《臺海使槎錄》，臺北市：臺銀，1957。

1752（乾隆 17 年）

　　王必昌《重修臺灣縣志》，臺北市：臺銀，1962。

1753（乾隆 18 年）

　　唐贊袞《臺陽見聞錄》，臺北市：臺銀，1958。

1764（乾隆 29 年）

　　王瑛曾《重修鳳山縣志》，臺北市：臺銀，1962。

1773（乾隆 38 年）

　　朱景英《海東札記》，臺北市：臺銀，1958。

1882（光緒 8 年）

　　林焜熿《金門志》，臺北市：臺銀，1960。

1893（光緒 19 年）

　　林豪《澎湖廳志》，臺北市：臺銀，1963。

1895（光緒 21 年、明治 28 年）

　　蔡振豐《苑裏志》，臺北市：臺銀，1959。

　　不著輯人《安平縣雜記》，臺北市：臺銀，1959。

1920（大正 9 年）

　　連橫《臺灣通史》，臺北市：臺銀，1962。

1921（大正 10 年）

　　連橫《臺灣詩乘》，臺北市：臺銀，1960。

1936（昭和 11 年）

　　北門郡役所《昭和 11 年北門郡概況》，臺南州：北門郡役所，1936。

1937 年 1 月
內田勣〈青鯤鯓〉，收錄於《地球》27 卷 1 號。
1940（昭和 15 年）
太田肥洲《新臺灣を支配する人物と産業史》，臺北市：臺灣評論社。
1964
連橫《雅堂文集》，臺北市：臺銀，1964。
1966
黃典權《臺灣南部碑文集成》，臺北市：臺銀，1966。
1971
戴炎輝《淡新檔案選錄行政編初集》，臺北市：臺銀，1971。

二、專書

1965
盧嘉興《鹿耳門地理演變考》，臺北市：中國學術著作獎助委員會。
1981
臺南縣政府編印《輿地纂要》，臺南：臺南縣政府。
1981
國分直一〈青鯤鯓と下鯤鯓の漁村〉，收錄於《祀壺の村──臺灣民俗志》，東京：法政大學出版局。
1983
劉枝萬《臺灣民間信仰論集》，臺北市：聯經出版公司。
1990
林勇《臺灣城懷古續集》，臺南市：臺南市政府。
1992
黃文博《瘟神傳奇：曾文溪流域王船祭巡禮》，臺南：臺南縣立文化中心。
1993
臺南市政府《「（八十二年度）臺南市耆老口述歷史座談會」》，未出版。
洪文雄《臺閩地區傳統工匠第一期之調查研究》，臺北：內政部民政司委託。
1994
黃文博《南瀛刈香誌》，臺南：臺南縣立文化中心。
陳奮雄《仁德鄉志》，臺南：仁德鄉公所。
1996
蕭瓊瑞《府城民間傳統畫師專輯》，臺南：臺南市政府。

1997
　　闞正宗《臺灣佛寺導遊（九）臺南地區》，臺北市：菩提長青出版社。

1998
　　林朝成、鄭水萍主修《安平區志（上冊）》，臺南市：安平區公所。
　　林朝成、鄭水萍主修《安平區志（下冊）》，臺南市：安平區公所。
　　黃文博《南瀛地名誌・北門區卷》，臺南：臺南縣立文化中心。

2000
　　黃文博《南瀛王船誌》，臺南：臺南縣政府文化局。

2001
　　黃文博、黃明雅《臺灣第一香──西港玉勅慶安宮庚辰香科大醮典》，臺南
　　縣：西港玉敕慶安宮。
　　蕭瓊瑞、徐明福《雲山麗水──府城傳統畫師潘麗水作品之研究》，宜蘭縣：
　　國立傳統藝術中心。

2006
　　李豐楙《台南縣地區王船祭典保存計畫：台江內海迎王祭》，宜蘭縣：國立
　　傳統藝術中心。
　　黃武達編《日治時期臺灣都市發展地圖集》，臺北市：南天書局。

2010
　　陳宏田《臺南地區王爺信仰》，臺南：臺南縣政府文化處。
　　黃文博《西港燒王船》，臺南：臺南縣政府文化局。

2011
　　洪紹洋《近代臺灣造船業的技術移轉與學習》，臺北市：財團法人曹永和文
　　教基金會。

2012
　　楊蓮福、陳謙主編《民眾經典：民間私藏民國時期暨戰後臺灣資料彙編【產
　　業篇】》，臺北市：博楊文化。
　　臺南市政府《變更臺南市安平港歷史風貌園區特定區計畫（細部計畫）第一
　　次通盤檢討案計畫書》，臺南：臺南市政府。

2013
　　黃文博《佳里金唐殿蕭壠香》，臺南：臺南市政府文化局。

2014
　　黃文博《西港刈香》，臺南：臺南市政府文化局。
　　戴文鋒《重修屏東縣志・民間信仰》，屏東：屏東縣政府。

2015 年
　　黃名宏、洪瑩發《西港刈香》，臺中市：文化部文化資產局。
　　洪瑩發、吳碧惠、陳進成、吳明勳、林建育《巡狩神舟──臺灣王爺祭典中

的王船製作技術》，臺中市：文化部文化資產局。

2016

蘇福男、蘇瑞展《造王船的男人：蘇春發的工藝與工班》，高雄：高雄市立歷史博物館。

黃凌霄〈造王船技術：王旭輝〉，收錄於朱禹潔等《一心一藝：巨匠的技與美6》，臺中市：文化部文化資產局。

戴文鋒〈臺灣媽祖「抱接砲彈」神蹟傳說試探〉，收錄於《戴文鋒臺灣史研究名家論集》，臺北市：蘭臺網路。

2017

黃文皇《歸仁仁壽宮王醮祭典暨遶境》，臺南：臺南市政府文化局。

謝國興、黃名宏、劉懷仁《西港仔刈香──一個傳統王醮的數位紀錄》，臺北市：中央研究院臺灣史研究所。

施良達《良藝太師──西港刈香王船木造技術專書》，臺南市：玉敕慶安宮。

2018

戴文鋒《臺南市市定無形文化資產訪查及評估計畫成果報告書》，臺南：臺南市文化資產管理處。

2019

北門口先天宮《中華民國一○八年嘉義市北門口先天宮五年千歲廟農民曆》，嘉義市：北門口先天宮。

戴文鋒、曾國棟《「安平晚渡」、「沙鯤漁火」與「鹿耳春潮」三景之歷史場域調查研究成果報告書》，臺南：臺南市政府文化局。

三、期刊論文

1997

黃文博〈蘇厝地區的王船信仰〉，《城鄉生活雜誌》39 期。
黃文博〈西港地區的王船信仰〉，《城鄉生活雜誌》40 期。
黃文博〈臺灣王船的信仰系統〉，《城鄉生活雜誌》41 期。
黃文博〈安平地區的王船信仰〉，《城鄉生活雜誌》42 期。
黃文博〈澎湖標準型的王船信仰〉，《城鄉生活雜誌》43 期。
黃文博〈將軍溪南岸的王船信仰〉，《城鄉生活雜誌》44 期。
黃文博〈東港地區的王船信仰〉，《城鄉生活雜誌》45 期。
黃文博〈小琉球地區的王船信仰〉，《城鄉生活雜誌》46 期。
黃文博〈將軍溪北岸的王船信仰〉，《城鄉生活雜誌》47 期。

1998
謝宗榮〈東港迎王傳統與王船藝術〉，《歷史月刊》124 期。
黃文博〈茄萣地區的王船信仰〉，《城鄉生活雜誌》48 期。
黃文博〈佳里地區的王船信仰〉，《城鄉生活雜誌》49 期。
黃文博〈八掌溪南岸的王船信仰〉，《城鄉生活雜誌》51 期。
黃文博〈仁德地區的王船信仰〉，《城鄉生活雜誌》55 期。
黃文博〈關廟地區的王船信仰〉，《城鄉生活雜誌》57 期。
黃文博〈柳營地區的王船信仰〉，《城鄉生活雜誌》58 期。

1999
黃文博〈北門鄉王船信仰初探〉，《南瀛文獻》43 期。
黃文博〈臺南縣新豐區的王船信仰現況〉，《南瀛文獻》43 期。
城鄉生活雜誌〈東石先天宮型的王船信仰〉，《城鄉生活雜誌》64 期。

2001
鄉情文圖〈澎湖王家三代打造傳統王船〉，《漢家雜誌》71 期。
吳廣義〈東港與西港王船信仰之比較〉，《臺灣宗教學會通訊》8 期。

2002
陳正之〈代天巡狩遊天河——王船裝飾工藝〉，《傳統藝術》24 期。

2003
陳進成〈癸未年東港王船造船日誌〉，《屏東文獻》第 7 期。
李其霖〈清代臺灣軍工戰船廠的興建〉，《淡江史學》14 期。

2005
李豐楙〈藝寓於民：臺南縣地區王船祭典保存計畫〉，《傳統藝術》60 期。
戴文鋒〈臺灣媽祖「抱接砲彈」神蹟傳說試探〉，《南大學報》39 卷 2 期。

2006
許瑜芳、陳信安〈臺南運河八十：逐海映盛——一個海盛造船的家族故事〉，
《王成氣度》10 期。

2007
陳政宏〈中式帆船技術的西傳〉，《科學發展》415 期。

2008
蕭進銘〈臺灣的瘟神信仰及王船祭典〉，《心鏡宗教季刊》18 期。

2009
文芝〈臺灣民間工藝之美——澎湖傳統王船〉，《源》76 期。
李豐楙〈王船、船畫、九皇船——代巡三型的儀式性跨境〉，收錄於黃應貴
主編《空間與文化場域：空間之意象、實踐與社會的生產》，臺北市：國家
圖書館。
戴瑋志〈王爺、神將與鸞堂——邢府千歲信仰在東港〉，《屏東文獻》13 期。

廖武治〈福爾摩沙遺產——臺北大龍峒保安宮：聯合國教科文組織 2003 亞太文化資產保存獎得主〉，《世界遺產》4 期。

2010

陳政宏〈東港王船工藝與傳統造船技術〉，《船》71 期、72 期。

2012

吳永猛〈澎湖峙裡水仙宮王船祭之研究〉，《臺灣文獻》63 卷 4 期。

2013

周宗揚〈曾文溪流域王船醮祭造船儀式之研究〉，《臺南文獻》3 期。

2015

梁芝茗、林思玲〈東港王船工藝——作為一種無形文化遺產保存的初探〉，《2015 文化創意產業永續與前瞻學術研討會論文集》，屏東：國立屏東大學。

2016

吳明勳〈打造神舟：西港刈香的王船製作〉，《臺南文獻》10 期。

林保堯〈臺灣傳統建築彩繪畫師——人間國寶劉家正〉，《藝術家》496 期。

四、學位論文

2000

侯皓之〈安平傳統剪黏藝師流派及其作品研究〉，臺南：國立成功大學藝術研究所碩士論文。

2001

鄭春鐘〈彰化永靖剪黏司傅群之研究〉，桃園：中原大學建築研究所碩士論文。

2005

陳威宜〈東港、西港王船工藝之研究〉，彰化：國立彰化師範大學藝術教育研究所碩士論文。

2006

邱美仁〈屏東東港東隆宮王船造形藝術研究〉，臺南：國立成功大學藝術研究所碩士論文。

2008

蘇峯楠〈臺南地區寺廟儀仗器物之研究〉，臺南：國立臺南大學臺灣文化研究所碩士論文。

2008

陳柏志〈臺灣鹽業文化景觀之研究——以七股鹽場為例〉，桃園：中原大學文化資產研究所碩士論文。

2009
　　黃秀芬〈陳三火剪黏工藝研究〉，臺南：國立臺南大學臺灣文化研究所碩士論文。
　　陳穗如〈茄萣鄉域的開發與空間變遷〉，臺南：國立臺南大學臺灣文化研究所碩士論文。
2010
　　蔡志祥〈北門鄉蚵寮聚落歷史變遷〉，臺南：國立臺南大學臺灣文化研究所碩士論文。
2011
　　李怡瑩〈剪黏匠師葉進祿生平及其技藝研究〉，雲林：國立雲林科技大學文化資產維護系碩士論文。
2012
　　黃文皇〈臺南新豐地區南關線王醮祭典之探究〉，臺南：國立臺南大學臺灣文化研究所碩士論文。
　　劉映廷〈當代藝師劉家正先生門神作品之研究〉，臺南：國立臺北藝術大學建築與文化資產研究所碩士論文。
2016
　　王信智〈日治時代安平港口機能變遷〉，臺東：國立臺東大學社會科教學碩士論文。
　　梁芝茗〈東港迎王文化對傳統木造船工藝保存之影響〉，屏東：國立屏東大學文化創意產業學系碩士論文。

五、報紙與新聞媒體

2008 年 1 月 25 日
　　葉永騫〈木船師傅洪全瑞　獲選臺灣工藝之家〉，《自由時報》。
2010 年 4 月 3 日
　　蘇福男〈興達港三清宮　打造迷你王船〉，《自由時報》。
2011 年 8 月 22 日
　　郭書宏〈二位彩繪大師拼場對作　復原元清觀〉，《人間福報》。
2012 年 2 月 5 日
　　夏念慈〈永安王船祭　祈求遠離水患〉，《中央通訊社》。
2013 年 5 月 25 日
　　劉婉君〈金龍法船開光　募護持男女〉，《自由時報》。
　　曹婷婷〈顯正殿金龍大法船　亞洲第一〉，《中國時報》。

2013 年 8 月 4 日

　　劉采妮〈玉井顯正殿「玄元金龍大法船」　接引有緣人登龍船〉,《臺南市旅遊新聞》。

2014 年 5 月 16 日

　　〈宋代古船　見證泉州港〉,《人間福報》。

2014 年 11 月 17 日

　　楊金城〈臺南柳營代天院王船打造好了〉,《自由時報》。

2014 年 12 月 3 日

　　王涵平〈柳營代天院王船出廠　市長開光〉,《自由時報》。

2014 年 12 月 7 日

　　〈嘉縣東石先天宮　5 年一度王船祭〉,《中時電子報》。

2014 年 12 月 22 日

　　楊金城〈東隆宮燒王船　寒風中逾千人送王〉,《自由時報》。

2015 年 1 月 6 日

　　李文生〈造王船傳承危機　臺灣造王船技藝 10 年內恐消失〉,《NOWnews 今日新聞》。

2015 年 1 月 7 日

　　楊金城〈造王船功夫　老師傅憂無人船承〉,《自由時報》。

　　李榮茂〈林良太船承好手藝　打造 300 艘王船　足跡遍及全臺〉,《國語日報》。

2015 年 1 月 10 日

　　盧萍珊〈西港慶安宮造王船　文化全記錄〉,《中華日報新聞網》。

2015 年 3 月 8 日

　　陳治交〈鹿耳門天后宮通寶　寓意吉祥〉,《中華日報》。

2015 年 4 月 13 日

　　謝進盛〈安定蘇厝真護宮燒王船　3000 人「送王」〉,《聯合新聞網》。

2015 年 5 月 14 日

　　蘇福男〈永安天文宮爭設典藏墨寶展示空間〉,《自由時報》。

2015 年 6 月

　　朱立群〈王旭輝窮工極巧　王船古法經典再現〉,原刊於《臺灣光華雜誌》6 月號;另刊於《人間福報》,2015 年 7 月 17 日。

2015 年 8 月 19 日

　　劉禹慶〈文化部也找他!造王船達人王旭輝改造媽祖船〉,《自由時報》。

2015 年 9 月 5 日

　　林偉民〈打造王船　林良太船承好手藝〉,《中華日報》。

2016 年 1 月 24 日

〈打造大型祭典王船　林良泰師傅全國唯一〉，《民視新聞‧在地真臺灣》。

林偉民〈依比例打造　歸仁仁壽宮縮小版王船供觀賞〉，《中華日報》。

2016 年 2 月 9 日

蘇福男〈「西部師」蘇春發　巧手打造木作王船〉，《自由時報》。

2016 年 2 月 10 日

蘇福男〈王船鬼才　叫我西部師〉，《自由時報》。

2016 年 2 月 28 日

林偉民〈曹天助彩繪王船廟宇 50 年〉，《中華日報》。

2016 年 6 月 20 日

王卉宜〈馬沙溝地靈人傑　李聖宮回鄉朝聖逾 2000 人〉，《亞太新聞網》。

2016 年 11 月 16 日

邱芷柔〈王船技師到大學講課　學生稱他「船」奇教授〉，《自由時報》。

2017 年 5 月 10 日

林宜樟〈東石 17 公尺大王船　名家手工彩繪〉，《自由時報》。

2017 年 5 月 29 日

林宜樟〈嘉義東石先天宮王船完工　華麗驚人〉，《自由時報》。

2017 年 7 月 28 日

陳彥廷〈等不到開光典禮！東隆宮王船設計師辭世〉，《自由時報》。

2017 年 9 月 23 日

黃芳祿〈臺灣第一香開鑼！「西港香」今完成取寶艙大典〉，《臺灣好新聞》。

2017 年 9 月 29 日

楊金城〈神奇！柳營代天院鑼壇　最後一天才同意建醮〉，《自由時報》。

2017 年 10 月 29 日

林偉民〈彩繪師曹天助　有子傳承技藝〉，《中華日報》。

2017 年 11 月 9 日

林偉民〈保西代天府王船出廠　湧朝聖人潮〉，《中華日報》。

2018 年 1 月 1 日

張瀛之〈臺灣並非「送王船」起源地，卻保留了全世界最完整的王爺信仰文化〉，《自由時報》。

2018 年 10 月 19 日

吳俊鋒〈王建民老家關廟山西宮建醮　王船出澳「試航」〉，《自由時報》。

六、廟志

1999
天母宮興建委員會〈後勁天母宮沿革概述〉，書刻於龍邊廟壁。

2014
張明發《佛頭港崇福宮沿革廟誌》，臺南：臺南市崇福宮管理委員會。

2019
嘉義市北門口先天宮《中華民國一〇八年嘉義市北門口先天宮五年千歲廟農民曆》，嘉義市：北門口先天宮。

七、訪談資料

受訪人員如下，謹此誌謝：
王船師林良太
安平港興造船廠老闆陳金龍
妙壽宮耆老楊瑞榮
下茄苳徐江海
航裕造船廠創辦者陳拐岸夫人陳王翠玉、公子陳瑞宗
臺南西港慶安宮總務組長謝武昌
新吉保安宮總幹事林福生
民俗學者黃文博
林良太姪女林育徵
傳統彩繪師曹天助
傳統彩繪師鐘銀樹

附錄 104 年度高雄市傳統藝術民俗及有關文物審議會 第 1 次專案小組審查會議（王船保存技術）會議紀錄

時間：104 年 8 月 20 日（星期四）11：00
地點：臺南市歸仁區仁壽宮
主席：高雄市立歷史博物館李旭騏組長
記錄：鄭昀青
出席人員：戴文鋒委員、黃文博委員、吳建昇委員
列席單位：仁壽宮代表、曾福樹先生（提報人）

一、委員意見

（一）黃文博委員

1. 林良太製作王船累積 30 餘年經驗，多被聘於嘉義、臺南、高雄一帶，亦曾至花蓮、員林製作，完成約 200 艘，係南部活動力最旺盛的「王船師傅」。

2. 林良太王船製作技術精湛，能挑戰各種不同造型之王船，所造王船型體壯麗、氣派；林良太熟知王船各部名稱及其功能，並對各地王船祭典科儀瞭若指掌，可謂王船活字典。

3. 林良太頗能適當施行王船製作技術，並深知及體現王船製作技術之重要。

4. 林良太連續 13 科（一科 3 年）為臺南西港慶安宮製作王船，深獲西港香境肯定；所製作的現存永祀王船，見於臺南北門蚵寮保安宮、北門三寮灣東隆宮、七股金德豐正王府。

5. 建議列冊並提交至本年度傳統藝術民俗及有關文物審議會討論。

（二）戴文鋒委員

1. 1951 年出生的造王船師傅林良太是茄萣人，自幼即以建造木結構漁船為業，年輕時逢機緣接觸造王船工作，40 年來完成的王船不下百艘，包括從 1985 年乙丑香科起迄今，林師傅已

為西港玉勅慶安宮建造十艘以上的王船。經驗豐富,未曾間斷,為國內罕見。

2. 林良太造王船並未有藍圖,其藍圖完全在其腦海裡,作工精細,比例考究,工法熟練。

3. 王船與漁船一樣,最重要的就是骨架,從取材開始,到骨架的形成,林良太都親自操作,不假助手或他人,由於自幼生長於漁村,家族世代以捕漁為生,從小對船有濃厚的情感,並且有承造漁船的經驗,因而轉業改承造王船,使其王船仍具有漁船的穩重。王船雖然是遊天河,每一科都要燒化掉,但他曾表示,建造王船要跟隨科技腳步,船頭吃水線下方加上改良型的圓弧形阻水器,波浪般的造形讓王船在海中行駛既快又穩。

4. 建議列冊並提交至本年度傳統藝術民俗及有關文物審議會討論。

▶ 圖附錄 -1
2015 年 8 月 20 日於歸仁區仁壽宮訪視林良太王船師(一)
說明:由左而右分別是訪視委員吳建昇、訪視委員戴文鋒、王船師林良太、西港慶安宮文宣組暨本案提報人曾福樹、訪視委員黃文博、高雄市立歷史博物館李旭騏組長。

（三）吳建昇委員：

1. 林良太先生製作王船已有三十多年經驗，長期投入於該項技藝，其作品遍及臺灣南部各大廟宇，深受廟方及信徒的肯定，並擁有相當高的工藝知名度，具文化資產上之不可或缺性。

2. 林良太先生，其王船技藝奠基於自小所學習的中小型漁船之製造，在因緣際會下投入於廟宇王船的製作，工藝品質亦有目共睹，能具體展現該項技術。

3. 林良太先生，熟悉起造王船流程，具備製作王船之民俗、禁忌、儀式及航海知識，並有強烈的傳承意願，經常提供廟方相關王船製作的協助與認識。

4. 林良太先生今年 65 歲，從 13 歲起就跟著師傅學習漁船製造，

▼ 圖附錄 -2

2015 年 8 月 20 日於歸仁區仁壽宮訪視林良太王船師（二）

說明：依順時鐘方向，面對鏡頭的是訪視委員戴文鋒、王船師林良太、高雄市立歷史博物館李旭騏組長、不詳、高雄市立歷史博物館鄭昀青組長、訪視委員吳建昇。

其王船技藝亦奠基於此，而後隨著造船業的逐漸沒落，在因緣
際會下投入於廟宇王船的製作，迄今已有三十多年的歷史。林
先生所製作之王船，未在事先繪製設計草圖，只在腦海中完成
船體的造型及結構，就能憑藉經驗完成廟方所委託的王船及需
求，深受廟方及信徒的肯定。且林先生不僅熟悉王船起造的流
程，具備王船製作之民俗、禁忌、儀式及航海等知識，並有強
烈的傳承意願，經常提供廟方相關王船製作的協助與認識。而
除了對其所負責的船體木作有嚴格標準外，也能協助廟方監督
王船彩繪的工藝品質，其作品遍及臺灣南部各大廟宇，深受廟
方及信徒的肯定，擁有相當高的工藝知名度。

5. 建議列冊並提交至本年度傳統藝術民俗及有關文物審議會討論。

二、會議結論

將依委員建議，提送本案至本年度傳統藝術民俗及有關文物審議會審議。

三、散會

104 年 8 月 20 日（星期四）12：10

國家圖書館出版品預行編目（CIP）資料

太師與王船：燃燒一瞬間的美 / 戴文鋒著 . -- 初
版 . -- 高雄市：高市史博館，麗文文化，
2019.12
面；　公分 . --（高雄文史采風；第 17 種）
ISBN 978-986-5416-19-5(平裝)

1. 王船祭 2. 民俗活動 3. 民間工藝 4. 高雄市

272.95　　　　　　　　　　　　108018916

高雄文史采風　第 17 種

太師與王船 燃燒一瞬間的美

作　者｜戴文鋒

發 行 人｜王御風
策劃督導｜曾宏民、王興安
策劃執行｜莊建華

高雄文史采風編輯委員會
召 集 人｜吳密察
委　　員｜王御風、李文環、陳計堯、劉靜貞、謝貴文（依姓氏筆劃）

指導單位｜文化部
補助發行｜高雄市政府文化局
出版單位｜行政法人高雄市立歷史博物館
地　　址／ 803 高雄市鹽埕區中正四路 272 號
電　　話／ 07-531-2560
傳　　真／ 07-531-5861
網　　址／ http://www.khm.org.tw

共同出版｜麗文文化事業股份有限公司
地　　址／ 802 高雄市苓雅區五福一路 57 號 2 樓之 2
電　　話／ 07-2265267
傳　　真／ 07-2233073
網　　址／ http://www.liwen.com.tw
郵政劃撥／ 41423894 麗文文化事業股份有限公司
法律顧問／ 林廷隆律師
登 記 證／ 局版台業字第 1045 號
責任編輯／ 鍾宛君
美術編輯／ 黃士豪
封面設計／ 黃士豪
插畫繪製／ 楊孟欣

出版日期／ 2019 年 12 月初版一刷
定　　價／新台幣 360 元整

ISBN：978-986-5416-19-5（平裝）
GPN：1010801990

本書受「106 年文化部文化資產局文化資產保存修復及管理維護一 C 類無形文化資產
補助計畫」與「108 年博物館及地方文化館升級計畫」補助出版